¿Qué Requiere Dios a la Mujer De Este Tiempo?

Elvira Medina

¿Que requiere Dios a la mujer de este tiempo?
Elvira Medina
Primera edición: mayo de 2022
© Elvira Medina 2022
© Todos los derechos reservados
Número de registro: TXu 2-300-979 / 28-02-22

Diseño de Portada: Francisco Peña junior
Revisión, redacción y diagramación: Moisés Moscote

Citas Bíblicas tomadas de la Versión Reina Valera 1960 Sociedades Bíblicas Unidas, a menos que se indique lo contrario.

Prohibida la reproducción total o parcial, así como cualquier tipo de transmisión, ya sea electrónica o mecánica, incluyendo fotocopiado, grabación de todo tipo, o cualquier tipo de almacenamiento de información o sistemas de copiado de información, sin el permiso escrito por parte del autor.

ISBN: 9780578257884

Dedicatoria

Quiero dedicar este trabajo primeramente a Dios, quien es mi guardador y sustentador. Él, me dio la oportunidad e inspiración para poder escribir: ¿Qué requiere Dios a la mujer de este tiempo? Libro en el que puedo hacer honor a esas mujeres de la biblia que sobresalieron. A esas guerreras que, han tenido que enfrentar las dificultades que en el mundo debemos atravesar; y, de manera especial, a mis hijas, por ser mujeres guerreras, esforzadas y dedicadas a sus familias.

La fe de ambas, ha sido puesta a prueba por graves enfermedades; pero, ellas se mantuvieron firmes en el señor, creyéndole a Él, manteniendo cada día una esperanza viva de salvación y vida eterna. ¡Cuán agradecida estoy con Dios por su infinito amor mostrado hacia ellas! Porque, además, han sabido honrar la fe que mi esposo y yo le hemos instruido, transmitiendo esa misma enseñanza y valor a sus familias.

A mi querido esposo, por ser mi apoyo incondicional mientras escribía este libro; porque, siempre, me ha motivado con estas maravillosas palabras: "cualquier cosa que quieras emprender, puede ser posible si confías en Dios".

Confió en Dios que, muchas mujeres serán bendecidas por medio de este libro, es por ello que, también lo quiero dedicar a todas ustedes; porque, sé que cada lectora, ha sido escogida por el creador, para que pueda brillar y ser de bendición a otras personas. ¡Nunca te rindas! Dios te conoce y te ha llamado para bendecir a otros y así cumplir su gran propósito.

Índice

Introducción	9
Capítulo I	11
Capítulo II	17
Capítulo III	23
Capítulo IV	29
Capítulo V	37
Capítulo VI	47
Capítulo VII	53
Capítulo VIII	65
Capítulo IX	71
Capítulo X	77
Capítulo XI	83
Capítulo XII	89
Capítulo XIII	95
Acerca de la autora	105

Introducción

Se han escrito innumerables cantidades de historias, biografías, reportajes, de mujeres virtuosas y sobresalientes a través de las épocas; en algunas ocasiones resaltando sus hazañas, cualidades como también, sus defectos y debilidades.

En *¿Que requiere Dios a la mujer de este tiempo?* No quiero adular a ninguna de las mujeres que se han mencionado en las sagradas escrituras, como tampoco busco censurar sus acciones o actitudes que en determinado momento manifestaron; no voy a contar un cuento de hadas, como tampoco,buscaré comparar sus épocas con nuestro tiempo presente. En *¿Que requiere Dios a la mujer de este tiempo?* Anhelo resaltar algunas características que toda mujer de Dios debe portar para agradar a nuestro padre celestial.

Cuando Dios me revela este tema, estaba pasando por un tiempo muy difícil que no solo me afectaba a mi y a mi familia, sino a cientos de miles de personas en el mundo. Toda mi familia fue afectada por la pandemia del Coronavirus o Covid 19. Todos fuimos contagiados sin saber como ni cuando sucedió; pero, de lo que si estábamos seguros, es que esto movió nuestros corazones a buscar más a Dios. Tuvimos una relación tan cercana que, cuando la doctora dijo que estábamos afectados entendimos que el propósito de haber sido contagiados se debía a una razón muy especial.

Esta experiencia me permitió subir un escalón más en mi vida es-

piritual, y, al hallar gracia ante los ojos de mi creador entendí que, Él se estaba comunicando conmigo con el propósito de convertirme en un canal de bendición para otros. Decidí creerle a Dios y enfrentar este virus maligno con valentía. Le dije a mi familia:
—Vamos a luchar unidos contra esta enfermedad en el nombre de Jesús y esto tendrá que irse; el señor me ha permitido entender que ninguno de nosotros perecerá, porque tenemos la protección del padre celestial, así que, durante este proceso me hice dos preguntas de mucha importancia para mí: *¿Que requiere Dios de mí como mujer? ¿Que requiere el a la mujer de este tiempo?*

Capítulo I
Sara, Mujer que teme a Dios

A través de la biblia, encontramos que muchas mujeres hallaron gracia y aprobación delante de los ojos del creador. Sus oraciones fueron escuchadas y recibieron el favor de Dios. ¡Esto ha llamado poderosamente mi atención! Durante todo el tiempo que he estado estudiando al respecto, he tenido la certeza de que, todas ellas, a pesar de sus defectos y virtudes, portaban cualidades que eran agradables a Dios. Las escrituras revelan que, cuando Dios creo la mujer, Él hizo caer en un profundo sueño al hombre, a este, le saco una costilla y de ella formó a la mujer (Génesis 2:21)
Adán, fue creado un ser perfecto y de él extrajo a la mujer; por lo tanto, Eva también lo era. Cuando Eva es seducida por el enemigo, pierde su estado de perfección e igual que el varón, es destituida de la gracia de Dios.
En este trabajo, mi intención es evidenciar aspectos importantes de la personalidad de algunas mujeres eminentes; analizando las virtudes de cada una, las cuales serán resaltadas por encima de sus defectos. Quiero mostrar como sus actitudes marcaron la historia de la mujer a través de las escrituras, tanto que, hasta el día de hoy, siguen edificando nuestras vidas. Aún somos ministradas e impactadas por la decisión de asumir su papel de manera positiva, mostrando devoción a nuestro padre celestial. Quiero que, por un momento, imagines lo siguiente:
Tu nombre es Sara, Una mujer que vive en Oriente Medio. Dicen que, tienes mirada expresiva y cautivadora; pero, tus ojos... ¿Re-

flejan algo de tristeza? Puede ser por la nostalgia de dejar tu hogar. Salir de esa casa que guarda muchas historias no es fácil para ti. Abram, tu amado esposo y tú, han pasado incontables momentos felices allí; juntos han convertido esta casa en su preciado hogar. Ur de Caldea, es una ciudad próspera, donde abundan artesanos, comerciantes y tejedores, allí reina la idolatría; pero, tú y tu esposo solo rinden adoración a Jehová. Tienes muchos bienes, sin embargo, no ves tu casa como un sitio para guardar pertenencias. Tu esposo y tú han pasado allí muchos años compartiendo alegrías y tristezas. Es su hogar, donde han dirigido sus oraciones en innumerables ocasiones a su amado Dios, aquel que es conocido como Jehová. Tienes razones suficientes para sentir un cariño muy especial por aquel lugar. (Génesis 12:1-4; 15:6)

A pesar de todo, estás dispuesta a dejar lo que conoces; aunque, ya seas de avanzada edad. Tu esposo recibió un llamado divino de suma importancia, tienen que viajar a parajes desconocidos y comenzar una nueva vida; esta, viene plagada de peligros y dificultades, con la consciencia de no de regresar a tu sitio de origen. ¿Por qué estás aceptando hacer un cambio tan drástico en tu vida? Pienso que, es tu forma de mostrar tu fe y devoción a Dios.

En esa época, las barcas de los mercaderes surcaban las aguas y canales del río Éufrates, cargadas de valiosas mercancías de todas partes, con destino a esta próspera población. La gente abarrotaba sus estrechas y onduladas calles. Las embarcaciones se topaban unas con otras en sus muelles, y, los productos abundaban en los mercados. ¿Puedes imaginarlo? En esas tierras creció ella, en esa bulliciosa metrópoli. Allí vivió con su familia. Además, Conoce por su nombre a gran parte de sus habitantes, y ellos la conocían, ¿quién olvidaría a una mujer tan hermosa como ella?

En la Biblia, Sara se destaca por su gran fe. Pero no la fe en los falsos dioses que abundaban en Ur. Ella adoraba al Dios verdadero, a Jehová. El relato bíblico no explica cómo adquirió esa fe, pero sí se sabe que, por lo menos por un tiempo, su padre adoró ídolos. De cualquier modo, Sara se casó con Abraham, un hombre diez años mayor que ella y quien llegó a ser llamado "el padre de la fe" (Génesis 17:17; Romanos 4:11). Su matrimonio era sólido y se ca-

¿Que requiere Dios a la mujer de este tiempo?

racterizaba por el respeto, la buena comunicación y la voluntad de enfrentarse juntos a todas dificultades que surgieran; y, sobre todo, el amor a Dios.

Sara, amaba profundamente a su esposo, con quien formó un hogar cercano a sus parientes, pues Ur era tierra de sus padres. No pasó mucho tiempo antes de que sufrieran una desilusión. La Biblia explica que Sara era estéril (Génesis 11:30). Su situación era vergonzosa y generadora de amargura para su vida en aquella cultura. Aun así, ella se mantuvo leal a su Dios y a su esposo, y de la misma forma, recibía amor de su compañero de vida. Por lo visto, su sobrino Lot, que era huérfano de padre, era para ellos como un hijo. Así transcurrió su vida, hasta que, ¡un día, todo cambio!

Abraham, lleno de emoción, apenas podía asimilar lo que le acababa de pasar, fue a su mujer para hacerle saber lo sucedido.

—Sara, tengo algo muy importante que decirte: el Dios al que adoramos, se me ha aparecido y me ha hablado por medio de un ángel. Él, me ha prometido el nacimiento de un hijo, el cual continuará mi descendencia.

Sara, fijando su mirada en su esposo, le pregunto casi sin aliento:
—"¿Qué te dijo? Por favor, cuéntamelo todo".

Quizás Abraham se sentó y luego le contó lo que Jehová le había dicho: "Sal de tu tierra y de tus parientes, y ve a la tierra que yo te mostraré" (Hechos 7:2, 3). Una vez que se tranquilizaron, se quedaron pensando en el mandato que Jehová les había dado. Tenían que abandonar su zona de confort, su estabilidad y comodidad, para vivir como nómadas. ¿Qué respondería Sara? De seguro que Abraham la miró atento, pendiente de su reacción. ¿Estaría dispuesta a apoyarlo en esta gran aventura?

La elección que se presentó ante Sara puede parecer extraña. Usted quizá piense: ¡Pero nunca he recibido este tipo de mandato de parte de Dios, como tampoco ha pasado con mi cónyuge! No obstante, ¿acaso no tenemos que tomar decisiones similares en la vida? Vivimos en un mundo con muchas ofertas y demandas que, nos incita a dar prioridad a nuestras comodidades, posesiones, profesión y percepción de seguridad; pero, la Biblia nos anima a elegir algo diferente. Nos invita a meditar y entender que, Dios está primero que nosotros mismos (Mateo 6:33).

Al reflexionar en lo que hizo Sara, podemos preguntarnos: ¿Qué cualidades requiere Dios de mí, de tal manera que pueda hallar gracia en Él? Así como Sara, las mujeres de este tiempo debemos hacer elecciones sabias; anteponiendo el temor a Dios, la fe y la obediencia a Dios.

La fe de Sara y su obediencia al llamado divino, era evidencia de que, a pesar de la edad y su condición fisiológica podían impedirle lograr el sueño de ser madre, ella se mantuvo creyendo y esperando la promesa de su creador. De alguna forma, esta larga espera influía en sus emociones y esto trajo como consecuencia que, ella escogiera a su sierva más cercana, colocándola en su lugar para que diera a luz hijos y así ponerlos en las piernas de Abraham. Dominada por este sentimiento, la vemos en una encrucijada varios años después.

Sabemos que, esta elección iba a traer consecuencias y que aun teniendo la promesa divina de un descendiente de su propio vientre; después de 10 años esperando, el sentimiento de mujer frustrada la llevo a tomar la peor decisión de su vida. Ella pidió a su esposo acostarse con su sierva Agar.

Agar, era una esclava egipcia y doncella de Sara. El propósito era tener un hijo de Abraham para perpetuar su descendencia, y, esta era la solución que, como humana, eligió, motivada por la desesperación y el deseo de ver la promesa cumplida. Esto trajo consecuencias negativas que más adelante la misma Sara tendría que enfrentar. Cuando ella se vio opacada por el embarazo de Agar, empezó a reclamar a Abraham, quien le responde: "haz lo que quieras con ella" (Génesis 16; 6) Agar, empezó a sufrir los menosprecios y maltratos de su ama o jefa, Agar se convirtió en la víctima de Sara. Desde el momento en que su sierva quedó embarazada, ya ella percibía que, Agar la miraba con desprecio porque ella no podía concebir.

Todos los seres humanos cometemos errores y las mujeres de la biblia no son la excepción. Sus errores nos muestran que las decisiones que tomamos tienen consecuencias; pero también revelan el infinito amor que Dios tiene hacia nosotros, aun cuando fallamos,

¿Que requiere Dios a la mujer de este tiempo?

Él, siempre permanece fiel.

Dios permaneció fiel a su promesa de darle a Abraham y a Sara un hijo. Ese hijo en el tiempo de Dios llegó, y lo llamaron Isaac, y "dijo Sara: "Dios me ha hecho reír, y cualquiera que lo oyere, se reirá conmigo". Y dijo: "¿Quién dijera a Abraham que Sara habría de dar de mamar a hijos? Pues le he dado un hijo en su vejez" (Génesis 21:6-7). A pesar de que anteriormente ella echó a reír de incredulidad y en secreto; ahora, Sara se rió de gozo y quería que su situación se diera a conocer. ¡Dios había sido fiel a Su promesa y la bendijo!

Isaac fue destetado, Abraham hizo un gran banquete. Pero Ismael, el hijo de Agar, se burlaba de Isaac. Sara le dijo a Abraham que echara a Agar e Ismael, porque el hijo de la sierva no había de heredar con Isaac su hijo. Abraham estaba angustiado, pero Dios le dijo que hiciera lo que Sara decía, porque en Isaac le sería llamada descendencia. Abraham despidió a Agar e Ismael, y Dios proveyó para sus necesidades (Génesis 21:8-21).

Sara era una mujer sencilla, hermosa (Génesis 12:11), y muy humana. Ella cometió errores como todos nosotros. Pasó por delante de Dios, y, trató de manejar sus asuntos por su propia cuenta, pidiendo de manera insensata a su esposo que se acostara con su sierva y ella concibiera el hijo que Dios había prometido. Al hacerlo, se desató una disputa que ha durado aproximadamente 4.000 años (Génesis 16:3). Ella, se echó a reír de incredulidad cuando a los 90 años escuchó a un ángel decir a Abraham que ella concebiría (Génesis 18:12). Sara dio a luz al niño prometido y vivió otros 30 años para disfrutar y contemplar la grandeza de Dios.

Hebreos 11:11, evidencia a Sara como un ejemplo de fe: *"Por la fe también la misma Sara, siendo estéril, recibió fuerza para concebir; y dio a luz aun fuera de la edad, porque creyó que era fiel quien lo había prometido"*. (1 de Pedro 3:5-6) muestra a Sara, como un ejemplo de una santa mujer que confiaba en Dios y que se adornaba a sí misma al someterse a su marido. Sara, voluntariamente, salió de su hogar y se lanzó a lo desconocido para seguir a su esposo, mientras él seguía las instrucciones de un Dios que, ella, no conocía hasta ese momento. Sufrió mucho para tratar de ofrecer un heredero a su esposo y mantenerlo a salvo en tierras peligrosas. Al final, tuvo la fe suficiente para creer que ella y su marido, con 90 y 100 años de edad, traerían al heredero prometido, es decir, Isaac. Aunque ella vivía en un mundo de peligro y confusión, se mantuvo firme en su compromiso con su esposo y con Dios.

¿Qué podríamos decir de esta mujer? Su fe, su paciencia, su confianza y su devoción a Dios, gritaron más alto que sus defectos; por eso, hasta hoy podríamos decir que, ella también es madre de la fe.

Asignación espiritual para mejorar tu relación con Dios.

¿En alguna ocasión has tenido que tomar una decisión que cambiaría todo en tu vida?_____

¿De qué forma has visto cumplirse el propósito de Dios en ti?
_____
_____

¿Qué podemos aprender de Sara?_____
_____

Pensamiento positivo para meditar :
Soy mujer, soy hija de Dios, someto mi voluntad a su voluntad anhelando que su propósito sea cumplido en mí, para bendecir a mi familia y a las demás personas.

Texto para escudriñar:
Por fe también la misma Sara, siendo estéril, vieja recibió fuerzas para concebir; y dio a luz aun fuera de tiempo de la edad porque creyó que era fiel quien lo había prometido. Hebreos 11:11

Capítulo II
Rebeca, mujer sacrificada y bondadosa

Podemos ver a Rebeca, como la respuesta directa de Dios a la oración de Eliezer, siervo de Abraham; quien fue enviado para que encontrase una prometida para Isaac. Esta, era una tarea muy delicada, por eso fue encomendada al siervo de mayor confianza en la casa.

Abraham, deseaba para su hijo una mujer que no lo alejara de las promesas de Dios (Gen. 24:3-7), y cuando Eliezer revela su misión a la familia de Rebeca, este deseo es respondido: "Entonces llamaron a Rebeca y le dijeron: '¿Te irás con este hombre?'. Ella dijo iré" (Gen. 24:58).

Rebeca, obedeciendo a este llamado, sé hizo partícipe de la misma bendición que recibió Sara cuando aún no había concebido a Isaac. Abraham, envía a su siervo Eliezer (jefe de los sirvientes, y quien probablemente era servidor de más avanzada edad) a la distante Mesopotamia; a fin de conseguir una esposa para su hijo, de entre sus parientes que adoraban a Jehová.

La comisión es tan relevante que, Eliezer fue persuadido por su señor a jurar que no elegirá una mujer cananea para su hijo. La insistencia de Abraham, condicionada, revela la importancia que tenía para él, casarlo con una mujer temerosa de Jehová.

Cuando Eliezer llega a la tierra de Abraham, dirige sus diez camellos hasta un pozo. Imagínese la escena: Está anocheciendo, y

Elvira Medina

Eliezer pide en oración:

"Oh Jehová, Dios de mi señor Abraham, dame, te ruego, el tener hoy buen encuentro, y haz misericordia con mi señor Abraham. He aquí yo estoy junto a la fuente de agua, y las hijas de los varones de esta ciudad salen por agua. Sea, pues, que la doncella a quien yo dijere: Baja tu cántaro, te ruego, para que yo beba, y ella respondiere: Bebe, y también daré de beber a tus camellos; que sea esta la que tú has destinado para tu siervo Isaac; y en esto conoceré que habrás hecho misericordia con mi señor. Génesis 24:11-14.

De seguro, toda mujer del lugar sabía que un camello sediento puede beber hasta 100 litros. Así pues, la que se ofreciese a darle de beber a diez camellos tenía que estar dispuesta a realizar un gran esfuerzo. El hecho de que desempeñara esta tarea ante la pasiva mirada de otras personas constituiría una prueba de fortaleza, paciencia y humildad, así como de su bondad con las personas y los animales.

¿Qué sucede? Antes que hubiese acabado de orar, observa salir a Rebeca, llevando su vasija de agua; la doncella era hija de Betuel, hijo de Milcá, esposa de Nacor, hermano de Abraham. Esta joven era virgen y de hermosa apariencia. Ella fue hasta la fuente y empezó a llenar su jarro de agua, Eliezer, corrió a su encuentro y le dijo: "Dame, por favor de beber" y ella accedió a darle no solo a él, sino también a sus camellos.

El capítulo 24 de Génesis muestra que, Rebeca tenía todas las cualidades deseables en una esposa: dispuesta a ayudar, amable, sumisa. Así, ella se convirtió en consuelo para su esposo en medio del duelo por la pérdida de su madre.

Dudando de la voluntad de Dios

Tu nombre es Rebeca, a menudo te haces la misma pregunta. Ya hacen 20 años que te casaste con tu amado Isaac y aún no logras concebir un descendiente; ¿será que la promesa de nuestro Dios no se cumplirá? Te sientes frustrada, tu aflicción y afrenta te persiguen cada día, es duro para ti saber que, las demás mujeres en tu familia han concebido y tienen descendencia; sin embargo, tú aún sigues esperando (Gen. 25).

Si sigues leyendo la historia de Rebeca, verás que Isaac oró al Se-

¿Que requiere Dios a la mujer de este tiempo?

ñor en favor de Rebeca y ella concibió (Gen. 25:21). Los 20 largos años de espera, tuvieron un propósito enorme: "mostrar el poder y la fidelidad de Dios para Isaac y el amor infinito para con su pueblo". Había una promesa sobre Isaac; Él cumpliría esta vez como en ocasiones anteriores y una matriz estéril se convertiría en fértil. Pero junto al propósito de la gloria de Dios, también hay algo más en la vida de esta pareja: la santificación de futuras generaciones. (1 Tes. 4:3).

La voluntad de Dios siempre es buena. Nosotros tenemos el deber de conocer y seguir sus preceptos, confiando en que lo que Él hace tiene un fin divino.

Con el tiempo he aprendido que, cada uno de los sucesos en mi vida y mi familia tienen un propósito mayor del que yo puedo imaginar. La voluntad de Dios siempre es buena, y cada una de las situaciones que se presentan en nuestras vidas son las que Dios utiliza para formar nuestro carácter, llevándonos a un mayor nivel de relación con Él.

Quizás, esto fue lo que pensó Rebeca. Una vez que Dios cumple su promesa y ella concibe, las condiciones de su embarazo parecen contradictorias. Ha quedado embarazada de un par de niños, estos luchaban dentro de ella y dijo: "Si esto es así, ¿para qué vivo yo?" (Gn. 25: 22). De la Rebeca que dijo sin titubear "iré", hemos pasado a una Rebeca que se queja, aun cuando el Señor cumple su deseo. Nosotras como ella en algunas ocasiones, nos quejamos aun viendo las maravillas y milagros que Dios ha hecho a favor nuestro. Cuando tenemos situaciones difíciles, nuestras reacciones ante las dificultades que atravesamos, son las que muestran cuanta sinceridad hay en nuestros corazones, y qué tanto confiamos en el Señor.

¿Se alejo Rebeca de su Dios?

En la biblia encontramos varios eventos que nos muestran de qué forma Rebeca parece alejarse de Dios.

En Génesis 26:6-11, vemos cómo Isaac engañó al rey Abimelec, diciendo que Rebeca era su hermana; por miedo a que lo mataran. Una vez más, se repite la historia y Rebeca, así como lo hizo Sara, apoya a su marido en este engaño ante el rey Abimelec. A diferencia de la historia anterior, donde la pareja obra bajo su propia voluntad, ningunas oraron a Dios frente a la dificultad, esto mismo sucedió en el momento de decidir entre sus hijos, por cuál de ellos tomaría la primogenitura y recibiera la bendición del patriarca Isaac.

Esta parece ser una actitud constante en ellos, con respecto a lo que nos muestra su historia: el favoritismo que cada uno de ellos mostraba por uno de sus hijos (Génesis 25:28), la forma en la que aparentemente los criaron, y luego el deseo de cada uno de obtener la bendición de la primogenitura a toda costa para su preferido (Génesis 27).

El pasaje de Génesis 27:1-40 nos muestra cómo Rebeca, en lugar de consultar al todopoderoso, hace todo lo contrario y usa sus propias fuerzas para que su hijo predilecto, obtuviese la bendición, ¡arriesgándose aún a recibir maldición sobre ella! (Gen. 27:13). Lo paradójico de esto es que, Dios le había prometido que Esaú serviría a Jacob (Gen. 25:23), y su embarazo fue prueba de que, Dios cumple sus promesas. ¿Estaba ella actuando bajo la voluntad del Señor o bajo su propia determinación? ¡Es tan fácil hacer nuestra voluntad, disfrazándola de piedad!

Era evidente que de todas formas ya Dios había decretado que Esaú, aun siendo el mayor, serviría a Jacob, su hermano menor. Este decreto divino se cumpliría de todos modos; pero, ella entendía que debía aportar su grano de arena, para que esto se cumpliera. ¿Qué la impulso a engañar a su esposo para obtener la bendición para Jacob? No lo sabemos, pero de una u otra manera, esto trajo cumplimiento a la palabra de Dios.

Al leer esta historia, ¿te has sentido identificada con Rebeca? ¿Has tenido actitudes, conversaciones, o actuaciones, en las que disfrazas de piedad tus propios deseos pecaminosos? Como dice 1 Juan 1:9. *"Si confesamos nuestros pecados, Dios perdona y nos limpia de toda maldad".* Pídele en oración que te muestre esas áreas en tu vida, en las que necesitas confiar nuevamente en la voluntad del Padre, y someterte de tal manera que, puedas obedecer su Palabra y cumplir su voluntad.

¿Que requiere Dios a la mujer de este tiempo?

La confianza en nuestro padre, es otro de los requerimientos de Dios en cada mujer piadosa, si esperamos en sus promesas y cumplimos su voluntad, podremos alcanzar gracia ante Él; a fin de cuenta, su voluntad es mejor que la nuestra.

Rebeca, procurando la bendición de Jacob.

La biblia no hace mención de, si Isaac sabía que Esaú serviría a Jacob o no. En cualquier caso, lo que sí tenían claro, tanto Rebeca como Jacob, es que la bendición le correspondía a este último. Al oír Rebeca que Isaac pensaba bendecir a Esaú, luego de que su hijo le preparara un plato de comida de aquello que había cazado, actúa de inmediato. La decisión y el celo que la caracterizaron durante su juventud no la han abandonado. Rebeca 'manda' a Jacob que vaya en busca de dos cabritos, con los que preparará un plato del agrado de su esposo. De este modo, Jacob, haciéndose pasar por Esaú, recibe la bendición de su padre Isaac antes de morir. (Génesis 27:117).

Pese a que muchos condenan la conducta de Rebeca, la Biblia no lo hace, ni tampoco Isaac cuando descubre que ha bendecido a su hijo menor Jacob. Al contrario, confirma su bendición y le da todo el derecho de la primogenitura (Génesis 27:29; 28:3, 4). Rebeca sabe lo que Jehová predijo acerca de sus hijos, así que, procura asegurarse de que Jacob reciba la bendición que le corresponde por promesa de Dios. Obviamente, tal proceder está en armonía con la intención, la voluntad de Jehová (Romanos 9:6-13). La biblia no dice que Rebeca fue censurada por haber hecho todo lo posible porque su hijo menor recibiese la bendición que era legítimamente del hijo mayor; esto es, debido a que ella, quizás sin saberlo, fue usada como instrumento para el cumplimiento aquella palabra dada muchos años atrás.

El ejemplo de Rebeca nos impulsa a observar que, además de ser muy atractiva, su verdadera belleza radicaba en su devoción piadosa; precisamente lo que Abraham buscaba en una nuera. El resto de sus buenas cualidades de seguro superaron las expectativas que tenía su suegro.

Elvira Medina

Toda mujer de Dios, debería imitar el don de servicio que le hizo apta para convertirse en esposa de Isaac. Observar su fe y su valor, su bondad y su disposición para cumplir con la voluntad y propósito de Dios; así como su celo, modestia y generosa hospitalidad, pues son las mismas cualidades que el propio Jehová requiere en una mujer verdaderamente ejemplar.

Asignación espiritual para mejorar tu relación con Dios

¿Qué podemos aprender de Rebeca? _____

_____

¿Cómo dejas que Dios haga su voluntad en y a través de ti?

_____

_____

Versículo para memorizar

El mundo pasa, y sus deseos; pero el que hace la voluntad de Dios permanece para siempre. 1 de Juan 2; 17

Pensamiento para meditar

La confianza en nuestro padre, es otro de los requerimientos de Dios. Si esperamos en sus promesas y cumplimos su voluntad, podremos alcanzar gracia ante Él, ¡sin duda alguna, su voluntad es mejor que la nuestra!

Debemos permitir que Él, haga lo que desee, como y cuando sea su voluntad hacerlo en nuestras vidas.

Capítulo III
Mirian, reflejo de toda mujer

Mirian, la hermana de Moisés, era de las pocas mujeres a quien se le dio el título de profetisa (de hecho, ella fue la primera). El don de profecía en ella, se manifestó a través del canto; como en los tiempos de David y Samuel. El significado de su nombre es "amargura o rebelión". Mirian, empieza su trabajo para Dios desde que Moisés fue lanzado al río Nilo, ella lo siguió y lo vigiló siendo aun una niña, con la inteligencia, habilidad y valentía de seguirlo hasta verificar cuál sería el destino de su hermano.

En la biblia no se hace mención de que ella fuese casada, lo que nos hace suponer que era soltera. Esto era algo inusual para una época en la que el más alto nivel social de una mujer estaba en tener familia y criar sus hijos. Así que, si pensaste por un momento que Dios no tiene espacio para las mujeres solteras, después de esta intervención puedes cambiar tu perspectiva. "Mirian, fue una mujer que se dedicó al servicio de Dios". Ella construyó junto a sus hermanos Moisés y Aarón un ministerio poderoso (Miqueas 6:4). Sin duda alguna, muchas personas podrían coincidir conmigo en que, ella fue también una líder de alabanza. Reconocida así por el profeta Miqueas.

"Mirian la profetisa, hermana de Aarón, tomó en su mano el pandero, y todas las mujeres salieron tras ella con panderos y danzas. Y Mirian les respondía: 'Canten al Señor porque ha triunfado gloriosamente; Al caballo y su jinete arrojo al mar'" Éxodo 15:20-21, Sin embargo, como todos, ella cometía errores que, como cualquier mortal, le harían ver como una

mujer imperfecta. Aunque Dios la usó en varias ocasiones, en su corazón habían cosas que motivaron sus emociones a actuar de forma no aprobada por Dios, esto le trajo consecuencias que de una u otra manera no se hicieron esperar:

Si analizamos la posición y las circunstancias a su alrededor, ella era la hermana mayor; quizás, esta sea la causa por la que no se había casado, debido al compromiso con sus hermanos y sus ancianos padres. Ella entendía que, tenía el mismo derecho que Moisés para que Dios le hablara y pudiera liderar el pueblo. *"Entonces Mirian y Aarón hablaron contra Moisés por causa de la mujer con quien Moisés se había casado, pues se había casado con una mujer cusita; y dijeron: '¿Es cierto que el Señor ha hablado solo mediante Moisés? ¿No ha hablado también mediante nosotros?'. Y el Señor lo oyó",* Números 12:1-2.

En este versículo, podemos ver que, Mirian y Aarón cuestionaron el matrimonio de Moisés con Sephora; pero, en realidad, eso era solo un camuflaje que ocultaba lo que realmente les estaba molestaba: "ellos sentían celos y envidia de Moisés".

En la biblia encontramos algo muy interesante: "por lo general, los redactores bíblicos nunca escribían el nombre de las mujeres primero, como aparece cuando menciona a Mirian y a Aarón". El hecho de que aquí aparezca así, indica que fue ella quien comenzó la murmuración. ¡Era una mujer! Y Si somos honestas, sabemos que somos más dadas a este tipo de cosas.

El problema de Mirian no era realmente la esposa de Moisés; el problema era el no tener el papel protagónico de su hermano. Las palabras exactas son "celos y envidia". Tal vez, ella supuso que el liderazgo de Moisés restaría importancia a ella como parte del servicio a Dios, quizás sus cantos y sus convocaciones de clamor, no tendrían el mismo alcance; ni siquiera, en las mujeres que ella había guiado en aquel día histórico del éxodo. La envidia la empujaba: "yo quiero lo que tú tienes".

No podemos saber con certeza lo que realmente ella buscaba, o cuáles eran sus motivaciones; pero por sus palabras, pareciera evidenciar que, anhelaba el mismo rol protagónico, el reconocimiento y el poder como líder que tenía Moisés. ¿Te suena familiar, esta situación?

¿Que requiere Dios a la mujer de este tiempo?

Como mujeres, luchamos con esta necesidad de protagonismo en un momento u otro, o, en repetitivas ocasiones, de nuestras vidas. ¿Sabes por qué empieza la envidia y los celos? Porque muchas veces vivimos haciendo comparación entre nosotros y las demás personas; nos fijamos en sus éxitos, ministerio, profesiones y hasta las familias que tienen los demás.

Cuando yo comparo mi realidad con la tuya, cuando tú comparas tu familia con la de tu amiga, cuando comparamos nuestros ministerios, nuestros trabajos; nuestras emociones comienzan a cambiar. Sin darnos cuenta, llegamos al punto en que salen a flote todos estos sentimientos reprimidos y explotamos tal y como sucedió con Mirian; quien cuando vino a darse cuenta se encontró cuestionando a Moisés y a Dios. ¡El precio que ella tendría que pagar por este pecado sería muy alto, esto no iba a pasar desapercibido ante Dios! Aquel que había escogido a Moisés, le envió castigo a su cuerpo; se llenó de llagas y su rostro ya no era tan hermoso como antes.

Ella tuvo que ser expulsada del campamento, su llanto era ensordecedor, su lamento atormentaba a quien la escuchaba, todos se alejaban de ella; pero allí, en ese destierro, ella tuvo suficiente tiempo para poner sus sentimientos en orden. Su vida ya no era la misma, y esto que ahora estaba sufriendo, se debía el hecho de haber permitido que en su corazón afloraran tales pensamientos.

Ella expresó lo que albergaba en su interior, aquello que le producía amargura (Números 12:1-16).Debemos agradecer a Dios que, ya no vivimos bajo la ley; porque de no tener con nosotros la gracia de Jesucristo, los hospitales serian solo para leprosos. Tú y yo ahora vivimos bajo la gracia de Dios, quien te dice: "te perdono, te limpió, te bendijo, e incluso quitó de ti, la envidia, el resentimiento y los celos". Estamos bajo la misma gracia que el Señor le mostró a Mirian al sanarla.

Tu nombre es Mirian, y en estos momentos tu angustia y dolor te hacen olvidar como Dios te uso en medio del profundo mar para ofrecer cánticos de alegría y agradecimiento a su nombre por libertar su pueblo.

Tu cántico contagió a todos y cruzaron el mar rojo cantando y adorando a Jehová de los ejércitos, lo que ahora te sucede te hace pensar que, solamente haces una pequeña parte de un trabajo, cuando quieres tener mayor relevancia. Te preocupas por lo que otros tienen, deseas fervientemente el liderazgo, el poder y reconocimiento que tiene tu hermano Moisés.

Quizás, creíste que, al ser mayor que él, te correspondía algún liderazgo mayor o igual al de él; por eso diste riendas sueltas a dichos sentimientos influenciados por tus pensamientos. Ahora, tienes el tiempo suficiente y el espacio necesario, para recapacitar y reflexionar. Entiendes que, debes agradecer por todo lo que Dios te ha dado. ¿Te duele haber tomado esa actitud y fallarle no solo a tu hermano sino a Dios? Lamentas y sientes el peso de tu pecado y el dolor de tu castigo.

Tal vez te preguntas si tendrá Dios misericordia de ti, si volverás a tener salud; si podrías haber quedado fuera de los planes de Dios y condenada a no entrar y disfrutar de la tierra prometida. ¡Hay buenas noticias! Levanta tu rostro, tu arrepentimiento y la petición que hizo Aarón, tu hermano, fueron escuchadas. Se han cumplido los siete días, y si aún no se cumplen en ti, cuando esto suceda, el señor limpiara tu cuerpo, tu mente, tu corazón y todo tu ser. La Mirian, que antes fue, ya no sería más; ella había subido un nivel espiritual diferente.

La Palabra de Dios, está llena de sanos consejos que, nos conducen a cuidar nuestro corazón y guardarlo de toda contaminación, entre ellas, los celos, la envidia y resentimientos que son tan dañinos. Quizás podríamos justificarlo de mil maneras, pero Dios condena la envidia; desde el principio lo dejó bien claro. Dice el Señor *"No codiciarás la casa de tu prójimo. No codiciarás la mujer de tu prójimo, ni su siervo, ni su sierva, ni su buey, ni su asno, ni nada que sea de tu prójimo"* (Éxodo 20:17).

La codicia es motivada por la envidia y la envidia produce muerte. Quizás ni tú ni yo, hemos matado a nadie por envidia, literalmente, pero ¡en nuestro corazón la historia es otra! Ese demonio, comúnmente llamado monstruo verde, nos carcome el alma, la mente y el corazón; hasta supurar desde nuestro interior y contaminar todo lo externo.

Con toda honestidad, podrías preguntarte ¿está mi corazón enfer-

¿Que requiere Dios a la mujer de este tiempo?

mo por causa de este veneno, o en algún momento lo he experimentado?
Amiga lectora, tenemos que reconocer a los celos y la envidia como un pecado. No es fácil admitirlo, ni confesarlos ante Dios, ni ante los hombres. Debemos arrepentirnos y luego rendirnos ante Dios, para que, el Espíritu Santo, nos transforme quitando de nosotros esos sentimientos tan egoístas llamados celos y envidia.
La actitud de Mirian, fue anunciada a todo el pueblo. Esto fue algo que impactó no solo a esta mujer, sino también a su familia y a las mujeres que seguían su liderazgo; el mismo Aarón se arrepintió de su falta y pidió a Jehová misericordia para su hermana: "Mirian fue confinada fuera del campamento por siete días y el pueblo no siguió su marcha hasta que Mirian no regreso con salud al campamento (Números 12:15).
En muchas ocasiones, la marcha de nuestra vida también se detiene; porque, hemos decidido darles riendas sueltas a nuestros deseos carnales, sin meditar en el mal que nos hacemos a nosotras mismas y a nuestra familia; destruyendo todo lo que hemos logrado con grandes sacrificios, y esto nos conlleva a perder nuestra relación y comunión con Dios. ¡Seamos sabias!
La historia de esta mujer, que aparece en la Biblia, también fue escrita para que nosotras logremos comprender que, el padre nos ha dado las suficientes herramientas para manejar correctamente nuestras emociones, y que muchas veces la envidia y el rencor no nos permiten ver más allá de lo evidente. Debemos clamar por sabiduría a Dios nuestro padre, quien está dispuesto a mostrarnos el camino correcto para manejarnos cautelosamente con nuestras familias, líderes y todas las personas con las que interactuamos a diario.
Mirian, no era una mujer común; era una mujer escogida por Dios. ¡Era una líder y profetiza! Ella hizo a un lado el dolor y la humillación que había sufrido como esclava y contagió al pueblo con la alegría de su canto, por medio del cual profetizaba al pueblo lo que sucedería (Éxodo 15: 1-20)
Podríamos decir que, ella tenía un fuerte liderazgo en el canto profético. Este es un servicio de mucho compromiso. Las mujeres

que ejecutan este ministerio en nuestros tiempos, tienen que enfrentarse a grandes retos espirituales. Si analizamos el efecto que tuvo el canto de David en el rey Saúl, fue evidente cada vez que él tocaba su arpa, los demonios que atormentaban al rey Saúl, huían dejándolo tranquilo. En el caso de Mirian, el pueblo era preso del miedo en medio de las olas amenazantes del mal; pero cuando ella tomó su pandero y comenzó a cantar, todos la siguieron y el temor se alejó, la confianza creció al escuchar las palabras de su canto.

Las cualidades que Mirian tenía eran notorias, su liderazgo, valentía y entrega, son dignas de ser imitadas. No olvidemos que, somos instrumentos de Dios y como vasos de honra que somos, debemos clamar al padre para que cada día nos siga limpiando y usando para su gloria.

Asignación espiritual para mejorar tu relación con Dios

¿Que aprendimos de Mirian? _____
_____

¿Cómo te cuidarías, para no caer en la murmuración? _____
_____
_____

Versículo para memorizar

Cantare a Jehová porque él se ha magnificado grandemente; al caballo y al jinete hecho en el mar, Jehová es mi fortaleza y canción. Éxodo 15; 1

Pensamiento para meditar

Un acto de inteligencia suprema es entender que no somos perfectos cuando tomamos el tiempo para criticar a otro perdemos el tiempo y no lo dedicamos para mirarnos por dentro, cuando entramos en nosotros mismos podremos ver de que carecemos aprovecha el tiempo para cumplir con los requerimientos del padre.

Capítulo IV

Débora, mujer valiente y guerrera

En muchas ocasiones, algunos expositores de la biblia han puntualizado el valor que tuvo Débora para ir a la batalla; pero, sabemos por las sagradas escrituras que, ella nunca empuñó una espada, pero fue el instrumento que Dios usó para dar la victoria al pueblo de Israel. En aquella ocasión, ninguno de los hombres tenía la fe ni la seguridad que les permitiesen creer que obtendrían la victoria; sin embargo, ella estaba completamente convencida de que Jehová iría al frente y aplastaría a los enemigos de su pueblo.
Débora, mira a los soldados reunidos en la cima del monte Tabor, Se siente conmovida al verlos; amaba a cada uno de sus combatientes como si fueran sus propios hijos, piensa en la valentía de esos hombres y en la disposición de su comandante Barac. Aunque son un ejército grande, (10.000 soldados) todos pasarían por una gran prueba de fe y valor. "Tenían un armamento muy básico y no tan efectivo como el de sus contrincantes". Enfrentarían a un enemigo sanguinario que los supera en número y armas, pero aquí están, listos para la batalla, y gracias al valor de una mujer.
¡Imagínese a Débora en la cima del monte Tabor! Sus ropas ondeaban por la brisa, contemplando junto a Barac un paisaje imponente. Desde la cima de esta montaña, a más de 400 metros de altura (1.300 pies), tienen una vista estratégica de la llanura de Esdrelón, o Jezreel, que se extiende hacia el suroeste. El río Cisón se abre camino por el verde valle para desembocar en el mar Grande, pasando cerca del monte Carmelo en su recorrido.

Quizás, el río estaba seco aquella mañana; sin embargo, esta no era su preocupación principal, lo que la inquietaba era que el ejército de Sísara se estaba acercando. Este, traía consigo un armamento y un ejército que lo llenaba de orgullo; 900 carros con cuchillas cortantes de hierro que les salían de los ejes, una visión que hacía latir fuertemente el corazón de Débora. Sísara, pretendía eliminar a cada israelita como si fueran a cortar hierba, sin imaginarse que la victoria estaría en manos de dos mujeres.

Eres Débora, sabes que Barac y sus hombres están solo esperando una señal para atacar. Eres la única mujer presente y tienes la mayor responsabilidad sobre tus hombros de acompañar a estos soldados en nombre de Jehová y quizás, te preguntas ¿qué hago yo aquí? El propio Jehová, tu Dios, fue quien te dijo que iniciara esta guerra. También fue él quien te dijo que la victoria de esta guerra estaría en "mano de una mujer" (Jueces 4:9). Este es el momento en el que recuerdas las veces que tuviste que interceder como juez de Israel para mantener el pueblo unido, en armonía los unos con los otros, sin tener que derramar la sangre de sus hermanos. En paz con Dios y con los hombres piensas, ¡he pasado de la palmera al frente de guerra, debo cumplir con la voluntad de Dios!

¿Qué nos enseña sobre la historia de Débora?

La Biblia menciona a Débora como una profetiza. ¡Aunque, no es un título común en la Biblia, Débora, no fue la única!* Además de que esta fiel mujer era profeta, también actuaba de juez, dando las respuestas de Jehová, cuando surgían problemas en la nación; evitando conflictos y derramamientos de sangre entre hermanos. Débora vivía en Efraín, entre Betel y Ramá. Tenía la costumbre de sentarse debajo de una palmera para recibir a las personas y ayudarlas con la guía de Jehová. Sin duda, ¡una tarea muy difícil que a ella no la intimidaba! Además, la situación era preocupante. En una canción que más adelante compuso con Barac, declaró: "Ellos procedieron a escoger dioses nuevos. Fue entonces cuando hubo guerra" (Jueces 5:8). En vista de que los israelitas se habían olvidado de Jehová para servir a otros dioses, Él los había abandonado en manos de sus enemigos. Ahora, estaban bajo el dominio del rey

¿Que requiere Dios a la mujer de este tiempo?

cananeo Jabín, quien tenía al frente de su ejército uno de los más temidos en su época.

Los israelitas temblaban de solo oír el nombre del general del ejército. La religión, la cultura de Canaán y su terrible crueldad era notoria. De hecho, el sacrificio de niños y la trata de blancas en los templos eran prácticas frecuentes en ellos. ¿Se imagina lo que sería estar bajo el dominio de un general cananeo y de todo su ejército? Según el canto de Débora, viajar por la nación era casi imposible y las aldeas estaban desoladas (Jueces 5:6, 7). La gente vivía aterrorizada y tenía que esconderse en los bosques y las colinas, sin poder cultivar sus campos ni andar por los caminos, por temor a ser atacados, a que secuestraran a sus hijos o a que violaran a sus mujeres ¡eran tiempos muy difíciles para el pueblo de Israel!

Los israelitas estuvieron veinte años bajo su cruel dominio, hasta que Jehová vio que su pueblo había cambiado de actitud. O, como dice la canción de Débora y Barac: "Hasta que yo, Débora, me levanté, hasta que me levanté como madre en Israel". Débora estaba casada con un hombre llamado Lapidot. Aunque, no se sabe si tenían hijos, ella fue "madre en Israel" en el sentido de que Jehová la escogió para que cuidara de la nación como una madre. Le encargó que mandara llamar a un hombre fiel y valiente, el juez Barac quien también era general de los soldados del pueblo de Israel, para que se enfrentara a Sísara (Jueces 4:3, 6, 7; 5:7).

Débora, motivó a Barac a actuar como libertador del pueblo de Dios.

Por medio de Débora, Jehová comisionó a Barac que juntara en el monte Tabor a 10.000 hombres, solo de dos tribus de Israel: "Neftaly y Sabulón". Débora les confortó con la promesa de Dios, de que tendrían la victoria sobre Sísara, aunque tuviesen un ejército con 900 carros de guerra. Fue una sorpresa para Barac, dado que Israel no tenía un ejército y contaba con muy pocas armas. ¡Aun así, Barac estuvo dispuesto a pelear! Pero su decisión de combatir estaría condicionada: él iría a la guerra si Débora subiera con ellos al monte Tabor, pues el ejército enemigo infundía temor por su reputación. Él sabía que guiados por un profeta de Jehová, él podría

ir (Jueces 4:6-8).
Algunos opinan que Barac tenía poca fe y que por eso hizo esa petición, pero eso no es cierto. A fin de cuentas, no le pidió a Dios más armas ni más hombres; sino que un representante suyo fuera con él y sus hombres para darles ánimo. Como sabemos, la biblia habla acerca del importante papel que ejercían los profetas en las batallas. Ellos, antes de salir el pueblo a la batalla, ofrecían un sacrificio al Dios vivo. Jehová estuvo de acuerdo y permitió que Débora los acompañara, de todos modos, hizo que ella profetizara afirmando que el mérito de la victoria se lo llevaría una mujer (Jueces 4:9).
Dios había decidido que una mujer mataría al cruel Sísara. Débora no empuñaría una espada, tampoco vestiría una armadura para ir a la guerra: pero, si cambiaría la historia de Israel, siendo profetiza y acompañando al general Barac hasta el campo de batalla.
Ella estaba segura de que Jehová estaría de su lado y la victoria era un hecho. Su esposo confiaba en ella y sabía que Dios le había escogido para detener el sufrimiento al que estaba sometido el pueblo. En la actualidad, las mujeres son víctimas de muchas injusticias, actos de violencia y abusos. Pocas veces se las trata con la dignidad que Dios quiere que reciban; pero, él valora por igual a hombres y mujeres, y todos pueden recibir una comisión divina (Romanos 2:11; Gálatas 3:28).
El caso de Débora nos recuerda que, Dios también honra a las mujeres al encargarles tareas importantes; demostrando que confía en ellas. Por eso es fundamental que no adoptemos los prejuicios que abundan en este mundo, aseguremos nuestro rol en la vida y cultivemos en nosotras esas cualidades que portaba Débora: fe, templanza, sabiduría, celo y valentía ante el servicio de Dios.
Débora fue subiendo con él. (Jueces 4:10.) Para aquellos soldados habrá sido muy motivador ver que esta valiente mujer subía con ellos, dispuesta a arriesgar su vida por amor a Jehová y a su nación. Sísara reaccionó de inmediato, cuando se enteró de que Israel había juntado a un ejército para luchar contra él. Varios reyes cananeos enviaron sus ejércitos para apoyar a las fuerzas del rey Jabín, que al parecer era el más poderoso de todos ellos. El avance de las

¿Que requiere Dios a la mujer de este tiempo?

tropas y los 900 carros de hierro, hacía un ruido ensordecedor, la tierra temblaba bajo su paso. Los cananeos estaban seguros de que acabarían rápidamente con el "débil" ejército israelita (Jueces 4:12, 13).

¿Qué harían Barac y Débora? Si se quedaban en las laderas del Tabor, tendrían ventaja sobre las fuerzas cananeas, ya que los carros solo funcionaban en terreno plano; pero, Barac pelearía únicamente como Jehová le indicara. Ya en el lugar donde debían estar, esperó las instrucciones de Débora. Ella estuvo consultándole a Dios, y recibió la aprobación de marchar; Por fin, el momento llegó.

"Levántate —le dijo Débora —, porque este es el día en que Jehová ciertamente dará a Sísara en tu mano. ¿No es Jehová quien ha salido delante de ti?" Y eso hizo Barac. Descendió del monte Tabor con sus 10.000 hombres (Jueces 4:14).

Las tropas de Israel se lanzaron colina abajo y llegaron a campo abierto, a la planicie, dirigiéndose directamente a aquellas temibles máquinas de guerra. ¿Los ayudaría Jehová? ¿Saldría delante de ellos, como había profetizado Débora? La respuesta no se hizo esperar: *"La tierra se meció, los cielos también. El orgulloso ejército de Sísara se desconcertó cuando les cayó encima un tremendo aguacero. Parece que llovió tanto que el terreno enseguida se inundó. De un momento a otro, los pesados carros cayeron y Se hundieron en el fango y no había manera de que fuesen sacados de allí (Jueces 4:14, 15; 5:4).*

A Barac y sus hombres no les importó la lluvia, sabían que Jehová la había enviado; así que, empezaron a atacar a los soldados cananeos. En su función de ejecutores divinos, no dejaron ni a un enemigo con vida. El río Cisón creció e inundó el valle, arrastrando los cadáveres río abajo, hacia el mar Grande de los opresores de Israel. Tal como lo profetizo Débora, Jehová luchó por su pueblo y derrotó al ejército de Sísara; pero, aquel que tanto dolor había causado al pueblo de Israel huyo con vida

En nuestro tiempo, Jehová ya no envía a sus siervas a ninguna guerra físicamente hablando, pero sí quiere que peleemos por nuestra fe en una guerra espiritual. La guerra que enfrentamos en este tiempo, es la desigualdad, las asechanzas del enemigo, y la peor lucha que es aquella que tenemos con nuestra propia carne (Mateo

26:52; 2 Corintios 10:4).
Al obedecer a Dios nos colocamos de lado correcto en esa lucha. Debemos ser valientes, porque los enemigos de Dios son los más crueles y perversos; sin embargo, Jehová sigue siendo el mismo y protegiendo a quienes confían en Él, como Débora, Barac y los valientes soldados israelitas.

El "gran" Sísara, ahora se encontraba abandonando a sus hombres en el lodo, se escurrió entre los soldados hacia terreno más firme; corrió muchos kilómetros para refugiarse con alguno de sus aliados. Aterrorizado ante la posibilidad de que los israelitas dieran con él y le quitasen la vida, se dirigió al campamento de Héber, quien junto a su esposa se había separado de su gente para establecerse al sur y que tenía un acuerdo de paz con el rey Jabín (Jueces 4:11, 17).

Sísara, llegó agotado al campamento de Héber, donde Jael, su esposa, lo recibió. Efectivamente, la victoria estaría en manos de una mujer como lo predijo Débora. Sísara, habría dado por sentado que ella respetaría el acuerdo de su esposo con el rey Jabín. Quizás ni le pasó por la cabeza la idea de que una mujer tuviera una opinión diferente a la de su esposo. ¡Se equivocó por completo! Ni siquiera se imaginó que el sufrimiento causado por él, su rey y su ejército a Israel, estaban grabados no solo en los hombres, sino también en el corazón de muchas mujeres que deseaban libertad.

Jael, conocía la maldad de los cananeos y cómo oprimían a la gente; así que, tuvo que tomar una decisión: ayudar al desalmado Sísara o irse del lado de Jehová y acabar con el opresor del pueblo de Dios. Pero, ¿cómo podría una mujer derrotar a un fuerte y adiestrado guerrero?

Ella no tenía tiempo que perder, así que invitó a Sisara a entrar en su tienda. Él le ordeno que no dijera a nadie que se había escondido allí por si alguien preguntaba por él. Entonces, Sísara se acostó a descansar, y Jael lo cubrió con una manta. Cuando él le pidió agua, ella le sirvió leche tibia. El hombre no tardó en quedarse profundamente dormido. En eso, Jael agarró una estaca y un martillo, dos objetos que, toda mujer de su tiempo, sabía usar perfectamente. Se acercó despacio a él para hacer algo que requirió mucho

¿Que requiere Dios a la mujer de este tiempo?

valor; "acabar con ese enemigo de Jehová". Si tan solo hubiese dudado un instante, pero no fue así; imagino que a su mente venían todos recuerdos de los rostros de aquellas personas que fueron maltratadas por él. ¿Actuó pensando en el pueblo de Dios, que por tantos años había sufrido la crueldad de este hombre? ¿Podríamos suponer que quizás lo hizo por el privilegio de ponerse de parte de Jehová? La Biblia no lo dice. Pero si sabemos que ejecutó a Sísara en el momento preciso (Jueces 4:18-21; 5:24-27).

Poco después, llegó Barac persiguiendo a su enemigo. Cuando Jael le mostró el cuerpo con la estaca clavada en las sienes, enseguida se dio cuenta de que la profecía de Débora se había cumplido. ¡Una mujer había derrotado al poderoso Sísara!

Muchos expositores de nuestro tiempo han criticado a Jael, pero para Débora, lo que ella hizo fue muy loable. Por eso la llamaron "muy bendita entre las mujeres" por su valor y templanza (Jueces 4:22; 5:24). Evidentemente, Débora no envidió la honra que Jael recibió por su hazaña, pues para ella lo más importante era que se cumpliera la palabra de Jehová y que en aquel día la victoria estaría en manos de una mujer.

El nombre de Débora significa Abeja, las abejas son inteligentes, trabajadoras, organizadas y líderes; esto significa que, ella estaba juzgando con sabiduría el pueblo. En la batalla su fe activó las maravillas de Jehová, la lluvia y el lodo desbaratan los carros de Sisara y este sale huyendo al verse vencido.

¿Qué podemos aprender de Débora? Cuando todo el pueblo estaba postrado ante los dioses, ella se levantó como juez, cuando ninguno de los hombres se levantó.

No hay duda de que, la fe de Débora, Barac y Jael, fue recompensada. Así como esta mujer, seamos valientes, pongámonos de parte de Dios y animemos a otros a hacer lo mismo. Si así lo hacemos, con la ayuda de Jehová venceremos y disfrutaremos de paz por la eternidad al lado de Jesús "el hijo de Dios" nuestro salvador.

Elvira Medina

Asignación espiritual para mejorar su relación

¿Qué aprendiste acerca de Débora? _____

_____

_____

¿Cuáles batallas has tenido que pelear sin empuñar un arma? _____

_____

_____

_____

Texto para escudriñar

Nuestra lucha no es contra sangre ni carne sino contra principado, potestades, contra señores del mundo, contra fuerzas espirituales malignas en las regiones celestiales. Efesios 6:12

Pensamiento positivo:

El escudo de la fe para los hijos de Dios es nuestra mejor coraza para poder estar firmes en tiempos de batalla y poder detener los dardos del enemigo, en tiempos difíciles debemos levantarnos como Débora para guardar y defender la fe.

Capítulo V
Rut, Mujer fiel y leal

Dios recompensa la fidelidad y lealtad de sus hijos e hijas, y ningún acto de bondad y amor que mostramos hacia nuestros semejantes es olvidado por Él. Es evidente la bondad y el amor que mostró la protagonista de este capítulo, que movió la mano de Dios a su favor, quien puso en armonía todas las cosas para recompensarla.

Rut y Noemí, recorren a pie un camino que atraviesa las llanuras de Moab. Orfa, había besado a su suegra decidiendo marcharse. Sus siluetas eran tan delgadas que apenas se podían distinguir, en ese gran paisaje azotado por el viento tempestuoso de la hambruna. Rut, se da cuenta al mirar a su suegra y notar su cansancio que, las sombras de la noche estaban cayendo, ¡Tal vez sea hora de buscar donde pasar la oscuridad!

Ella ama a su suegra y está dispuesta a hacer todo lo que esté a su alcance para cuidarla y ayudarla. Recuerda el momento en que, le dieron la oportunidad de apartarse por su propio camino y abandonar a la anciana mujer a su suerte y destino; pero, ella entendía que, al unirse a su marido, también su unió a su familia. Había prometido a su suegra no abandonarla y cumpliría su palabra sin importar cuanto le costase.

Cada una carga con sus propias penas. Hace años que Noemí perdió a su esposo y ahora llora la muerte de sus dos hijos; Mahlón y Quelión. Rut, igualmente, se encontraba muy afligida, por la muerte de Mahlón, su esposo. Ahora las dos se dirigen a la ciudad de Belén en Israel, viudas y sin nada de que vivir. Cada una ve el viaje de forma distinta. Mientras que Noemí vuelve a su lugar de origen, Rut avanza hacia una tierra desconocida, dejando atrás a sus parientes, su país, su cultura, sus amigos, y también a sus dioses (Rut 1:3-6).

A veces, me pregunto ¿por qué una joven como Rut daría un giro tan grande a su vida? ¿De dónde sacó las fuerzas para comenzar de nuevo y cuidar de su suegra? Sus sentimientos de dolor por la pérdida de su esposo, nunca nublaron su juicio; ella supo que responder a Noemí cuando esta le propuso que siguiera a Orfa, su concuñada, y se regresará a su tierra. *"No me pidas que te deje que yo nunca lo haré, tu tierra será mi tierra y tu Dios mi Dios será.* (Rut 1: 16)", Pensemos un poco sobre la historia de Rut, y tratemos de responder ¿por qué estas dos mujeres emprendieron el largo camino que las llevaría a Belén?

Tu nombre es Rut, naciste en Moab, un pueblo situado al este del mar Muerto. Se encontraba en una región de altas mesetas, cortadas por profundos barrancos. Aunque, no era una zona de mucha vegetación, los campos de Moab, solían ser tierras de cultivo fértiles; incluso, cuando el hambre azotaba el territorio de Israel. Es de suponer que, esa fue la razón por la que conociste a Malhón tu esposo y a su familia. Fuiste educada, adorando imágenes y rindiendo reverencia a todos los ídolos, pero nadie imagina que tan fiel y leal seas a tu promesa. Cuando tu esposo muere, le prometes a tu suegra cuidar de ella, ¡y como toda una mujer bondadosa, has de cumplir la promesa hecha a la madre de tu difunto compañero! Estás devastada por la pérdida de tu esposo, pero esto no te impide pensar con claridad. (Rut 1:1) y quizás te preguntas ¿cuál será mi destino en Israel?

Debido al hambre que había en Israel, el esposo de Noemí había decidido dejar su país y mudarse a Moab con su esposa y sus dos hijos. Esta mudanza de seguro puso a prueba la fe de toda la familia, pues Elimelec, así como todos los israelitas, debían ir periódicamente al lugar sagrado que Jehová había elegido para ser adorado (Deuteronomio 16:16, 17) A pesar de que Noemí logró mantener viva su fe, quedó desolada y visiblemente afectada por el

¿Que requiere Dios a la mujer de este tiempo?

fallecimiento de su compañero de vida.

Es muy probable que Noemí volviera a sufrir al ver que sus hijos se casaban con mujeres moabitas Ella sabía que Abraham, antepasado de los israelitas, hizo todo lo posible porque su hijo Isaac consiguiera una esposa que estuviera emparentada con su familia, pues sus parientes adoraban a Jehová (Génesis 24:3, 4). Además, la Ley mosaica advertía a los israelitas que, no dejaran a sus hijos e hijas casarse con personas de otra nación; por razones religiosas para conservar la adoración a un solo Dios y no la idolatría.

Mahlón y Quelión decidieron casarse con mujeres moabitas. Es posible que Noemí se sintiera decepcionada o preocupada por la situación, pero nunca dejó de tratar con bondad y amor a sus nueras, Rut y Orfa. ¡Quizás tenía la esperanza de que algún día llegaran a servir a Jehová! En todo caso, es evidente que, ellas la querían muchísimo. La buena relación que las tres habían forjado, las mantuvo en pie cuando les sobrevino la muerte de Mahlón y Quelión, que fue un golpe muy fuerte para la familia. La biblia no registra que algunas de las dos hubiesen tenido hijos con sus difuntos esposos. Todo parece ser que ambas, de repente, quedaron convertidas en jóvenes viudas (Rut 1:5).

Te llamas Noemí, llegaste a Moab junto a tu esposo y tus hijos, buscando una mejor vida tras la sequía y hambruna de Israel. ¡Nunca imaginaste que, allí, perderías a tus hijos y esposo quedando a cargo de tus nueras! ¡Nunca creíste que casarías a tus hijos con mujeres moabitas! Pero, ¿qué otra cosa podías hacer? No te quedó otra alternativa. Te sentías tan lejos de tu tierra que, tomaste esta decisión junto a tu esposo sin sospechar que tu vida quedaría ligada a la de aquellas dos mujeres. El dolor que te embarga es indescriptible, la perdida de tus seres queridos te ha dejado un vacío inmenso; y la aflicción te consumía, de modo que, tomaste la decisión de regresar a tu tierra.

Según parece, las costumbres religiosas de los moabitas eran agresivas en extremo; hasta el punto de ofrecer niños en sacrificios. Se considera que su religión estaba impregnada por la crueldad y el extremismo, con los horrores tan comunes de aquella época. Pero, ¡qué diferente era el Dios de Israel! Cualquier cosa que Mahlón o Noemí, le hubiesen enseñado a Rut, sobre el amor y la misericordia de Jehová, debió haber hecho una gran diferencia y esto la había impresionado bastante.

Jehová, no quería que sus siervos le obedecieran por miedo, sino por amor. Tras una pérdida tan devastadora, es probable que Rut se acercara más a Noemí. Me imagino que su suegra hablaba del Dios todopoderoso, de sus magníficas obras y de cómo cuida a su pueblo con ternura y compasión. (Deuteronomio 6:5)

Quizás Rut, nunca imagino lo que le esperaba en aquel pueblo, así que, la historia no termina en la fe que ella mostró en Jehová, Dios de Israel y la lealtad que demostró a su suegra Noemí. Dios tenía grandes propósitos para Rut, su lealtad y humildad había llegado hasta el trono del padre celestial y ella tendría su recompensa.

Era primavera en Israel, y el campo cercano a Belén estaba apurado por la actividad. Después de un día de trabajo, el aroma del grano recién tostado recuerda a los hambrientos jornaleros que, era la hora de parar el trabajo y almorzar.

Booz, un rico terrateniente, come y bebe sin reparo a fin de mostrar su gran abundancia; cuando el día de la siega llega a su fin y cada hombre va en busca de un lugar cómodo en donde descansar, se acuesta satisfecho al lado de un montón de grano, y se queda dormido sin imaginarse lo que ese día sucedería.

Booz se despierta temblando de frío. ¡Claro! Alguien le ha destapado los pies; además, ¡hay una persona acostada allí! Está oscuro, no conoce a quien duerme a sus pies, y pregunta, ¿Quién eres? Una voz de mujer le responde; "Soy tu esclava Rut, extiende tu falda sobre tu esclava, porque eres mi amo".

A solas comienzan a conversar. Las mujeres de esa época, no acostumbran a presentarse de esta forma a un hombre. No obstante, como Booz la invita a hacerlo, Rut, se queda acostada a sus pies hasta poco antes del amanecer, momento en el que se levanta y se marcha; evitando así comentarios de los demás esclavos.

Rut, había sido adiestrada por Noemí. Booz era su pariente y ella como su suegra se sentía responsable por buscarle un hogar. Así que, la instruyo para forzar un encuentro. ¿Había sido hábilmente seducido este pudiente anciano por Rut, una pobre y joven viuda

¿Que requiere Dios a la mujer de este tiempo?

de un país pagano? O, ¿quizás fue Booz el que esa noche se estaba aprovechando de las circunstancias y la soledad de Rut? ¡En absoluto! Con una historia conmovedora de trasfondo, ambos destacan como ejemplos de profunda lealtad y amor a Dios.

Años antes de este episodio, Judá sufrió una gran escasez de comida, en consecuencia, los cuatro miembros de una familia de Elimelec, Noemí y sus dos hijos, Mahlón y Quelión, emigraron a tierra de Moab, donde sus hijos se casaron con dos mujeres de aquel lugar. Después de que los tres hombres murieran en este país, sus viudas se enteraron de que, las condiciones en la tierra de sus difuntos esposos habían mejorado. Así que, Noemí, ahora viuda, llena de amargura, sin hijos ni nietos, optó por regresar a su tierra natal (Rut 1:1-14).

Las dos viudas regresaron a Belén. Allí, el amor y la preocupación de Rut por su suegra impresionaron tanto a sus vecinos que, la consideraban "mejor que siete hijos" para Noemí; otros, la describían como "una mujer excelente" (Rut 3:11; 4:15). Todas estas cualidades son las que motivan a Noemí, a tomar la decisión de buscar una familia para su nuera.

Al comenzar la cosecha de la cebada en Belén, Rut, le pide a Noemí: "Por favor, déjame ir al campo y rebuscar entre las espigas, siguiendo detrás de cualquiera a cuyos ojos halle favor". De forma inesperada, Rut, llega al campo que pertenece a Booz, un pariente de su suegro Elimelec, y le pide permiso al capataz para quedarse a hacer jornada de trabajo. Ella demuestra tanta diligencia espigando que, el capataz elogia su trabajo.

Booz, es un adorador de Jehová. Cada mañana acostumbra a saludar a sus segadores con las palabras amables: "Jehová esté con ustedes", y ellos le responden: "Jehová te bendiga". Cuando se da cuenta de lo aplicada y cumplidora que es Rut en su trabajo y su lealtad hacia Noemí, su suegra, él, se encarga de que Rut reciba un trato especial durante la rebusca. En otras palabras, le dice: 'No tienes que ir a otros campos, quédate en los míos. ¡Si te mantienes cerca de mis siervas, nada te pasará! He ordenado a los trabajadores que no te toquen. Cuando tengas sed, ellos te sacarán agua fresca'.

Rut se inclina a tierra y le pregunta: ¿A qué se debe que yo haya hallado gracia a tus ojos, cuando soy una mujer extranjera?, Booz le responde: *'Me han informado de todo lo que has hecho por tu suegra después de la muerte de tu esposo, cómo dejaste a tu padre, tu madre, tus parientes y tu tierra natal para residir entre un pueblo al que no conocías. Que Jehová recompense tu manera de obrar y que te dé un salario perfecto' (Rut 2:10-12)* y por lo tanto yo también estoy agradecido.

Booz, no está intentando ganarse su cariño. El halago que le da es sincero. Rut, con humildad, le agradece ese ánimo reconfortante, Pero cree que es inmerecido; así que, continúa trabajando todavía más arduamente. Más tarde, a la hora del almuerzo, Booz invita a Rut: 'Acércate, come un poco de pan y moja tu pedazo en el vinagre'. Después de saciarse, Rut guarda comida para llevársela a su suegra Noemí.

Al cabo del día, Rut ha espigado unos 22 litros de cebada que, junto con lo que le sobró de la comida, lleva a casa para Noemí. Complacida al verla traer tanto alimento, Noemí le pregunta: "¿Dónde espigaste hoy? Que sea bendito el que se fijó en ti". Al enterarse de que había sido Booz, exclama: "Bendito sea Jehová, que no ha abandonado su bondad amorosa para con los vivos y los muertos. Ese hombre es pariente nuestro. Es uno de nuestros re-compradores" esto significaba que, conforme a la ley de Jehová, a él le correspondía re comprar la viuda y casarse con ella.

Deseosa de encontrar un hogar, o "lugar de descanso", para su nuera, Noemí aprovecha la oportunidad para formular la petición de re compra de acuerdo con la Ley de Dios (Deuteronomio 25:5, 6) Para atraer la atención de Booz, sobre este asunto, Noemí le expone a Rut sin tardanza un plan de acción muy eficaz. Una vez que Rut está preparada y bien aconsejada, baja a la era de Booz, al amparo de la oscuridad. Lo encuentra dormido, así que, le destapa los pies y espera a que se despierte.

No cabe duda de que cuando Booz se despierta, esta acción simbólica de Rut le ayuda a comprender el significado de la petición de ella de que 'extienda la falda sobre su esclava'. El proceder de Rut recuerda a este anciano judío, su responsabilidad como Re comprador, ya que era pariente del difunto esposo de Rut, Mahlón

¿Que requiere Dios a la mujer de este tiempo?

(Rut 3:9).

Aunque Booz, no había previsto la visita nocturna de Rut, su reacción sugiere que tal solicitud de re compra no le era totalmente inesperada; pues, estuvo dispuesto a acceder a su petición.

Él, debió percibir cierta preocupación en la voz de ella, porque la tranquilizó diciendo: "Ahora, hija mía, no tengas miedo. Todo lo que dices lo haré para ti, porque toda persona en la puerta de mi pueblo se da cuenta de que eres una mujer excelente".

Booz, consideró las acciones de Rut completamente virtuosas, pues le dijo: "Bendita seas de Jehová, hija mía. Has expresado tu bondad amorosa mejor en el último caso que en el primer caso". En el primer caso, Rut había ejercido bondad amorosa, o lealtad, para con Noemí, en el último caso, estuvo dispuesta a ofrecerse de forma altruista a ser re comprada por Booz; un hombre mucho mayor que ella, a fin de producir descendencia para el nombre de Mahlón, su difunto esposo, y para Noemí.

Al otro día, Booz mantiene una conversación con un familiar, a quien no se conoce su nombre en la biblia. Esta persona tiene un parentesco más cercano con Noemí, que el de Booz. Delante de los habitantes y ancianos de la ciudad, Booz le dice: *"ven acá y siéntate... Noemí, que ha vuelto del campo de Moab, vende una parte de las tierras que tuvo nuestro hermano Elimelec. Y yo decidí hacértelo saber, y decirte que la compres en presencia de los que están aquí sentados, y de los ancianos de mi pueblo. Si tú quieres redimir, redime; y si no quieres redimir, declárامelo para que yo lo sepa; porque no hay otro que redima sino tú, y yo después de ti. Y él respondió: Yo redimiré.* (Rut 4:1-4).

¡Pero este personaje no sabe la sorpresa que le espera! Booz añade delante de todos los testigos: *"Por supuesto, al comprar tú la tierra de Noemí, estás obligado a casarte con Rut, la viuda moabita. De esta manera ella podrá tener hijos que lleven el nombre de su esposo y así conservar la tierra para su familia. —Entonces no puedo redimir la tierra —respondió el pariente redentor— porque esto pondría en peligro mi propia herencia. Redime tú la tierra; yo no lo puedo hacer."* (Rut 4:5, 6 - NTV).

Conforme a la tradición, quien rehusaba efectuar la re compra, tenía que quitarse la sandalia y dársela a su prójimo. Y así lo hace este re-comprador cuando le dice a Booz, "redime tú". A continuación,

Booz declara ante los ancianos y ante todo el pueblo: *"Ustedes son testigos hoy de que en efecto compro de mano de Noemí todo lo que pertenecía a Elimelec y todo lo que pertenecía a Quelión y Mahlón. Y también a Rut la moabita, la esposa de Mahlón, la compro para mí, para hacer que el nombre del muerto se levante sobre su herencia Ustedes son testigos de esto hoy"* Rut (4; 9,10.)

Toda la gente que se hallaba a la puerta, responde a Booz: *"Conceda Jehová a la esposa que entra en tu casa ser como Raquel y como Lea, las cuales dos edificaron la casa de Israel* (vr 11).

Con la bendición del pueblo, Booz toma a Rut por esposa. Ella le da a luz un hijo, a quien llamaron Obed, por medio de quien Booz y Rut entran a ser parte de la genealogía del rey David y de Jesucristo

A lo largo del relato, desde que menciona su saludo amable a los trabajadores hasta que acepta la responsabilidad de conservar el nombre familiar de Elimelec, se observa que Booz, era un hombre muy correcto, sobresaliente, y de autoridad. En la manera como se comporta en la historia narrada, mostró dominio propio, o auto-control, fe e integridad; así como generosidad, bondad, castidad y obediencia absoluta a los mandamientos divinos.

Rut se destaca por su amor a Jehová, por su amor leal para con Noemí y por su laboriosidad y humildad. Es obvio que, la gente conocía que ella era "una mujer excelente". Gracias a que no comía "el pan de balde" y de su duro trabajo, compartió el pan con su desamparada suegra. Rut, había experimentado la satisfacción que produce dar, cuando se hizo cargo de Noemí; un sentimiento de gratitud embargaba su corazón y la lealtad que había profesado a su marido, ahora la mostraba al cuidar de su suegra.

¡Qué magníficos ejemplos hallamos en el libro de Rut! Noemí es bendecida por Jehová. Rut recibe "una recompensa perfecta" al hacer parte de la línea genética de Jesucristo. A Booz, se le recompensa con "una mujer maravillosa". Y en cuanto a nosotros, todos ellos nos proporcionan una enseñanza eficaz y un modelo de fe y bondad a seguir.

Quizás, podríamos suponer que, Orfa tomo el camino más fácil; ella no tenía ninguna motivación para seguir a su suegra Noemí.

¿Que requiere Dios a la mujer de este tiempo?

Ella, ya no puede tener más hijos y aunque pudiera, tendría que esperar a que se haga adulto para desposarla y así cumplir con la ley de los israelitas de la re compra; pero Rut, había escuchado acerca de las maravillas de Jehová, esto había germinado en su corazón. ¡Ella, haría lo que sea necesario para proteger a su suegra! Por esta razón, nunca dudo de sus consejos y alcanzo gracia delante de Jehová y de los hombres. ¡Dios siempre nos da esperanza!

En muchas ocasiones, sientes que atraviesas momentos tan difíciles que, la vida de Rut proporcionará a tu vida o a tu situación una recarga de esperanza. Este relato destaca los valiosos ejemplos de mujeres que en su tiempo alcanzaron la gracia de Dios y su manifestación nos hace ver cómo Jehová usa a cada mujer con propósitos diferentes. Podemos notar como una humilde viuda de la nación extranjera de Moab viene a Israel para dar un rey y un salvador a su pueblo. Como la fe de Rut ilumina cuál lámpara encendida en aquella época, así también su ejemplo lo hace con nosotras hoy día.

El libro de los Jueces, dice en su capítulo 2 versículo 11 en adelante que, en esa época, el pueblo de Dios empezó a hacer lo malo delante de Jehová, y se fueron detrás de los dioses ajenos; sin embargo, Rut y Noemí, se mantuvieron adorando a Jehová de los ejércitos. Estas mujeres brillaron con luz propia debido a su fe, su bondad y su amor por sus semejantes.

Leer la historia de Rut y demás mujeres sobresalientes de la biblia, te infundirá la seguridad de que, sin importar lo terribles que sean los tiempos y las situaciones vividas; Dios siempre cuida de ti y cumplirá su propósito con cada una de nosotras.

Elvira Medina

Asignación espiritual para mejorar tu relación con Dios.

¿Qué aprendimos de Rut? _____

¿Cómo podríamos mostrar lealtad y bondad a nuestra familia? ___
_____

¿Cuántas veces has tenido la oportunidad de demostrar tu fidelidad a Dios? _____
_____

Versículo para escudriñar

"Mis ojos pondré en los fieles de la tierra, para que estén conmigo; el que ande en el camino de la perfección este me servirá". Salmo 101:6

Pensamiento positivo

¡Una de las cosas más difíciles es permanecer fieles! El señor nos ha prometido que, si le somos fieles, heredaremos el reino, y Él nos dará la corona de la vida. Seamos fieles a Dios, y seamos leales y bondadosos para con nuestras familias; esto es agradable ante los ojos de nuestro creador. Mujeres temerosas de Dios, seamos portadoras de estas virtudes que son agradables ante los ojos de aquel que todo lo ve.

Capítulo VI
Abigail, mujer sabia y decidida

Entre las mujeres sabias que menciona la biblia, podemos resaltar a una hermosa y entendida joven, cuya historia se encuentra en el libro de 1 de Samuel 25.

En la época del antiguo testamento, las esposas eran consideradas como una más de las siervas; su función era tener los hijos y cuidar de su casa y al marido. Rara vez, se le daba una función o lugar de prominencia; pero, la biblia menciona más de 200 mujeres que, sobresalieron por su manera de asumir los retos que en aquel tiempo Dios y su responsabilidad les demandaba.

¡Mujer sabia y hermosa! Ese es el significado del nombre Abigail. Ella, estaba casada con un hacendado llamado Nadal, quien, como su nombre lo indica, era insensato y con dificultad para relacionarse con las personas. Debido a esto, él había delegado la administración de su hacienda a su esposa Abigail.

La biblia dice que, ella era amable con sus criados, lo que le permitía tener una buena comunicación con sus trabajadores. Por esta razón, uno de ellos se acerca a esta mujer, para narrarle el inconveniente que se había convertido en una amenaza de muerte para todas las personas de la casa.

El siervo le cuenta a Abigail como David y sus hombres les defendieron y cuidaron, pero que David ahora está pidiendo un favor a Nadal por medio de 10 de sus hombres, los cuales envió a Nadal. Él, pide, le sea obsequiada comida para sus guerreros, pero la respuesta de Nadal fue tajante: "no daré la comida de mis esquiladores para personas como ustedes" (1 de samuel 22; 1-4 y 25; 1-43). Cuando esto llega a los oídos del ungido de Jehová, este se prepara inmediatamente para acabar con la casa de Nadal y con todas sus posesiones, de seguro nada ni nadie quedaría con vida. ¡David, se proponía destruir la hacienda con todo lo que había! David habitaba en la cueva de Adulan, con unos 500 hombres, además de su familia. Él era su líder, bajo estas condiciones David decide visitar al rey de Moab y dejar allí a sus padres para no someterlos a esta situación, por lo que el rey de Moab aceptó y ellos se quedaron allí hasta que la situación de David se arregló.

Al escuchar estas palabras, Abigail entiende por la gravedad del asunto que, debe tomar una decisión inmediatamente; por lo tanto, envía a este mismo siervo a preparar alimento para el ejército de David, y a cargar los burros con comida y vino para sus soldados. No era fácil para él, alimentar tantos hombres en el bosque y en las montañas, trasladándose de un lugar a otro; mientras huía del rey Saúl. Luego decidió moverse hasta Maon, cerca de la propiedad de Nadal.

El esposo de esta mujer, era un hombre muy Rico y ese día era de fiesta, pues al terminar la esquila él ofrecería un banquete a sus siervos. Todo estaba listo y Nadal aún estaba en Carmel terminando la esquila de las ovejas, cuando los hombres de David llegaron con el mensaje a solicitar la comida. Estos jóvenes nunca se presentaron ante Abigail, y quizás usted también se preguntará ¿por qué tendría que verse con Abigail?

En una inteligente y acertada estrategia, Abigail manda a sus siervos con los burros cargados a encontrarse con David; saliendo ella sale por la parte, tomando un atajo para hablar con David. Por lo que podemos suponer que ella, estaba acostumbrada a cargar burros y comercializar los productos de la hacienda; ya que Nadal, no hizo preguntas cuando salieron los siervos.

Efectivamente, David también conocía este atajo, y como era de suponerse, se encontraron a mitad del camino. Abigail, de inmediato con paso firme y sereno, sin temor alguno, con mucha seguridad y su confianza depositada en Jehová de los ejércitos, se inclina

¿Que requiere Dios a la mujer de este tiempo?

hacia él y le dice: "por favor mi señor, no hagas caso a lo que dice ese hombre malvado e insensato, cuando tus hombres llagaron yo no los vi, por lo tanto, es mi culpa. Te suplico que acepte mis presentes y no tomes en cuenta lo que sucedió". Vive Jehová y vive tu alma, que Dios no ha permitido que tú y tus hombres derramen sangre inocente, Abigail hace un corto silencio.

Tu nombre es Abigail, en este momento tu corazón palpita más fuerte que nunca, sientes que estás en peligro por la actitud tomada por tu esposo ante los requerimientos de David; quien te trata como una más de la casa, sin valorar tus destrezas administrativas ni de mujer dedicada. Te sientes culpable porque si aquellos jóvenes te hubiesen buscado a ti, antes que, a Nadal, no estarían en esta terrible situación; y tal vez te preguntas, ¿aceptará David el presente ofrecido? ¿Detendrá la amenaza de acabar contigo y toda tu casa?

Tu devoción al Dios de Israel, es lo que te impulsa a tomar decisiones sabias y esta que has tomado, es la mejor decisión para salvar a los tuyos de una muerte segura.

Sus tiernos ojos recorrieron el batallón que acompañaba a David, pero su mirada se detuvo ante el hombre imponente de amable presencia y selectiva educación. David le toma de la mano y le responde: *"Bendito sea Jehová Dios de Israel, que te envió para que hoy me encontrase y bendito sea tu razonamiento y bendita tu que me has estorbado para evitar que derramase sangre, y a tomar venganza por mis propias manos"* (1 samuel 25:31-35). y le dice: *"de cierto te digo que nunca olvidare lo que has hecho".*

David recibe con agrado y respeto la ofrenda de aquella mujer sabia y decidida, y de la misma forma le deja saber que, si hubiese esperado hasta el otro día, ningún varón quedaría con vida en la casa de Nadal. Abigail se sintió aliviada y entendía la gravedad de la ofensa que Nadal había hecho a David: por lo tanto, apeló al corazón humilde y bondadoso de David.

Cuando Abigail regresa a la casa, todos aún comían y bebían en medio de la fiesta de los esquiladores. ¡Nadal se regocijó bastante junto a ellos! Es de suponerse que, los únicos que no se regocijaron fueron aquellos que estuvieron con Abigail como mensajeros de paz, ante las fuerzas del ejército de David. Ella titubeó y decidió no mencionar nada de lo que había hecho a su esposo, entendiendo que no era el momento para hablar de lo ocurrido con David. Muchas veces, nuestras situaciones de pareja se agravan cuando no tenemos suficiente sabiduría para callar, y esperar el momento preciso y adecuado de comunicar situaciones extremas en la relación; cuando una de las partes tiene falta de control emocional, es difícil no dejarse llevar por emociones como el enojo, la decepción y la ira. Estos tres componentes hacen que cualquier persona en una situación como la que ella acababa de resolver, le sirviera como detonante y la hiciera explotar; ella entendía que, si lo comunicaba en ese momento, era posible que Nadal reaccionara de manera violenta, por la influencia del alcohol que su esposo había ingerido ese día; quizás por esta razón, no le comunico lo sucedido a su esposo en ese momento.

No fue sino hasta el amanecer, que ella decidió hacerle saber lo sucedido. ¡Nadal escucha, pero, no puede contestar! Un nudo espeso se forma en su garganta, que no le dejo reaccionar cayendo como muerto. Después de convalecer por un tiempo corto, él falleció y esta noticia llego hasta los oídos de David, quien recuerda la promesa hecha a Abigail, así que decide enviar por ella para tomarla como una de sus esposas.

Inmediatamente, Abigail es avisada, toma a cinco de las doncellas que le servían y se dirigió hasta el palacio del rey David. Este es un hecho que trascendió en gran manera en toda esa región; pero entendemos que, la sabiduría, belleza y astucia de esta mujer, marcó un rumbo distinto en las vidas de los que vivían con ella. Pero, además, también marcó la vida de David, quien, luego, se convirtió en su esposo.

Cuando nosotros nos enfrentamos a situaciones parecidas, lo más correcto es pedir dirección de parte de Dios. Él, tiene el control de todo cuanto acontece en nuestras vidas. Nosotras, como mujeres de Dios, debemos pedir a nuestro padre, sabiduría para manejar ciertas situaciones que, en determinado momento, suelen presentarse en nuestra familia; entendiendo en todo tiempo que, los designios de Dios son tan altos que nosotros muchas veces no lo

¿Que requiere Dios a la mujer de este tiempo?

podemos entender. Cada prueba por la que pasamos en esta tierra, está dirigida a que nosotras maduremos como hijas de Dios que somos. Esta decisión tomada por esta mujer, la hizo más fuerte, más madura y más estable en sus decisiones.

No olvidemos que proverbios 11: 18 dice: "el impío hace falsas obras; más el que siembra justicia tendrá galardón seguro". Esto fue lo que sucedió con Abigail, ella obró con justicia y alcanzó buena recompensa de parte de Dios y de los hombres.

Su temor hacia Dios, su respeto y hospitalidad con el ungido de Jehová, le permitieron alcanzar la recompensa del justo.

Asignación espiritual para mejorar tu relación con Dios.

¿Qué mensaje nos muestra Abigail? _____

_____

¿Cómo aplicamos esta enseñanza a situaciones que se presentan en nuestras vidas? _____

_____

¿Cuántas veces, has tenido la oportunidad de demostrar a Dios que tan decidida eres para tomar decisiones a favor de tu salvación y tu familia? _____

_____

¿En qué forma has demostrado que tan decidida eres? _____

_____

_____

_____

Versículo para escudriñar
"Haciendo estar atento tu oído a la sabiduría; Si inclinares tu corazón a la prudencia..." Proverbios 2:2

Pensamiento positivo
Mujer de Dios, la prudencia y la sabiduría son herramientas que, debemos portar para tomar decisiones correctas y agradables a Dios.

Capítulo VII
Ester, Mujer valiente y prudente

Susa, era una pequeña ciudad ubicada en los dominios del rey Asuero. Habitaban allí muchos judíos que habían sido tomados como botín de guerra. El pueblo de Israel, una vez más, había sido diezmado y empujado hasta ser exiliado a Babilonia (586 a.c) hasta el lugar donde estaba el trono de Jerjes, como es conocido por los judíos; sin ninguna consideración para que, ninguno de sus habitantes Israelitas ocupara un puesto importante en el palacio.

En medio de este escenario, vivía una joven muy hermosa llamada Hadassa, a quien se le conoce mayormente como Ester. Ella era hija de Abigail, quien era vista como una mujer de carácter valiente y decidida. Ester, había quedado huérfana desde muy pequeña y su primo Mardoqueo la adoptó y crió como si fuera su propia hija.

Ester provenía de la tribu de Judá, por lo tanto, su educación y su fe en el Dios de Israel había sido impartida a través de su padre adoptivo Mardoqueo.

El rey Asuero, había decidido hacer una fiesta en el palacio, por lo que, invita a todos los gobernadores y reyes de otros reinos, para así mostrar la grandeza de su reino y la belleza de Vasti, su reina. Asuero, se caracterizaba por ser un rey arrogante, cruel, ambicioso y muy astuto; así que, solicita a su reina que se presente en el salón de fiestas del palacio. Dicha petición fue rechazada, la reina se negó rotundamente.

Vasti, era una mujer muy hermosa, se esmeraba en cada detalle con respecto a su belleza. ¡Ella lograba deslumbrar en el momento de su entrada a cualquier lugar!

La biblia no especifica las razones de peso que tenía esta mujer para negarse a su esposo, pero sabemos que la palabra del rey en esos tiempos no debía ser desobedecida, y conociendo el carácter el rey Asuero, ella estaba consciente de que esto le traería consecuencias no muy favorables.

Quizás, Vasti, ya estaba cansada de toda aquella vida. Posiblemente, estaba hastiada de ser expuesta como un trofeo que exhibía su esposo cada vez que quisiera. Ella, tal vez sentía que, no podía seguir fingiendo algo que ya no disfrutaba; teniendo que soportar el carácter de aquel hombre tan arrogante, por lo que vio en esta, su oportunidad para montar un precedente (aunque se le fue la mano, y se arriesgó a perderlo todo). Así que, decidió negarse, aun temiendo a la reacción del rey Asuero.

Otra cosa que hay que saber, es que Vasti, también, había hecho una fiesta en las instalaciones del palacio, con las mujeres del reino; mientras Asuero, hacia lo mismo con los hombres de su reino y de otras localidades. Por esta razón, cuando el rey decidió enviar a buscarla, ella se negó. Quizás, ella quería tener su espacio para ella, también compartir con quienes podría entenderse mejor. Podría entenderse que la decisión de no acudir al llamado del rey, se debía a que no podía dejar solas a quienes había invitado a compartir con ellas.

Esta fue una decisión que provocó la ira del rey Asuero, el cual ante esta negativa decide convocar a los eunucos y consejeros del reino, con el fin de tomar una decisión con respecto a la reina Vasti. Las recomendaciones no se hicieron esperar, los consejeros temiendo que, la decisión de la reina llegara a oídos de todas las señoras del reino y estas decidieran desobedecer a sus maridos tal cual hiciera Vasti; deciden destituir a la reina y hacer un certamen para elegir una reina entre las jóvenes de su reino.

Para muchas personas, la negación de la reina Vasti podría considerarse como una respuesta trivial; sin embargo, en aquel tiempo una negación tanto al marido como al rey era tomado como un grave insulto, que le daba el derecho al hombre de repudiar a su esposa.

¿Que requiere Dios a la mujer de este tiempo?

Incluso, teniendo todo el poder el rey, para hacer lo que quisiese, se podría decir que Vasti, la sacó muy barata, porque en otro caso, la muerte hubiese sido su pago.

Al quedarse sin reina y por decisión del rey, fueron llevadas al harén del palacio, muchas doncellas, que serían preparadas por un tiempo; para luego de terminar su preparación, fueran presentadas a Asuero, y él escogiese a quien quisiera que ocupara el lugar de Vasti. En esta historia encontramos que, entre ellas, estaba Hadassa, la cual ya había sido adiestrada por Mardoqueo, para que nunca dijera su nombre ni sitio de donde era originaria. Por lo que decidieron llamarla "Ester".

Hasta el momento en que las vírgenes fueron llevadas al rey, se les mantuvo en el harem bajo el cuidado de Hegai (Ester 2:8); después de su encuentro la cambiaban de lugar, puesto que ya no eran vírgenes, eran llevadas a la zona reservada para albergar las concubinas o amantes del rey, donde eran puestas bajo la vigilancia de uno de los eunucos.

Cuando llegó el turno de Ester para estar con el rey, *"ninguna cosa procuró sino lo que dijo Hegai eunuco del rey, guarda de las mujeres; y Ester se ganaba el favor de todos los que la veían"* (Ester 2:15). Ella también halló gracia ante los ojos del rey: *"Y él amó a Ester más que a todas las otras mujeres", y él la hizo su reina* (Ester 2:17). Parece que Ester, además de tener "hermosa figura y buen parecer" (versículo 7) fue sumisa, al seguir los consejos de su tío, y los sabios consejeros. A medida que la historia se desarrolla, vemos el propósito divino en los planes de Dios.

Algún tiempo después, Mardoqueo estaba sentado a la puerta del rey y escuchó un complot contra Asuero. Cuando Mardoqueo entendió esto, lo denunció a Ester, y Ella se lo dijo al rey en nombre de Mardoqueo. El plan fue frustrado, pero sobre todo olvidado (Ester 2:21-23). Vemos en este caso la continua conexión de Ester con Mardoqueo, así como su integridad. Tanto Mardoqueo como Ester honraron al rey y deseaban protegerlo de sus enemigos.

El plan de Dios siempre está en marcha, Él, nunca se detiene y la forma en que protege a sus hijos siempre es diferente. Él permitió que estos eventos antecedieran a Ester y a Mardoqueo, para que,

en el momento adecuado, todo saliera a la luz y de esta manera salvar a su pueblo de modo magistral. El tiempo transcurre y esto sigue olvidado, ¡pero Dios no se olvida de su pueblo!
Después de esto, el rey decide nombrar un gobernador cruel y malvado llamado Amán; este primer ministro, era despiadado e inmisericorde. Cada vez que se encontraba con alguien que él entendía era inferior a él, se molestaba, pues esto era lo que sucedía cada vez que veía a Mardoqueo, quien todo el tiempo permanecía sentado en la puerta del palacio.
Mardoqueo se mantuvo fiel a Dios y humilde, aun habiendo salvado la vida del rey varias veces. Él, no había pedido recompensa alguna, Mientras que Amán le contaba al rey todas las mentiras que podía inventar en contra de los judíos. Debido a esto, el rey empezó a odiar al pueblo de Dios. Instigado por él, Asuero decide editar una ley para exterminar a todos los judíos. Este edicto incluía a jóvenes, niños y ancianos, quienes serian asesinados en un solo día. Ester (3:1-14)
Cuando esta ley llega a oídos de Mardoqueo, como es de suponerse, como evidencia de su dolor por el pueblo, empieza a deambular por las calles, vestido de cilicio. ¡Todo el pueblo tenía gran luto! En cada provincia donde había judíos había lloro y lamentación. Las doncellas de Ester, vinieron a ella, y le dijeron en la situación que andaba Mardoqueo. Esto, lleno de temor a la joven judía, sintió gran dolor y decidió enviar vestidos a este para hacerle quitar el cilicio; más él, no los acepto, por lo que Ester llamo a Hatac, uno de los Eunucos del rey y los mando a casa de Mardoqueo para saber que estaba sucediendo.
En los momentos más difíciles de nuestras vidas, creemos que nuestra situación es tan difícil que nadie nos puede dar la mano; posiblemente este, era el sentimiento que embargaba a Mardoqueo, pero también, nos da la sensación de que él estaba protegiendo a su sobrina Ester, ya que ella, aun habiendo sido escogida para ser reina, no había revelado su origen y esto podría provocarle algún inconveniente.
La situación era difícil, el pueblo judío podría ser exterminado por esta ley en cualquier momento, posiblemente, si el rey Asuero, hu-

¿Que requiere Dios a la mujer de este tiempo?

biese sabido el origen de Ester, no estarían en este gran problema o amenaza. Este, podría ser un pensamiento que pasó por la cabeza de Mardoqueo, pero el propósito de Dios siempre va infinitamente delante de nosotros; así como lo dijo el profeta Isaías en su capítulo 55:9 *"porque como los cielos son más altos que la tierra, así mis caminos son más altos que vuestros caminos, y mis pensamientos más que vuestros pensamientos"*.

Esta acción, de no revelar su origen, quizás ha sido motivo de mucha controversia para ciertos eruditos de la palabra. Para otros, es un acto de prudencia. El no revelar todo de inmediato, quizás fue una estrategia usada por ellos para poder alcanzar la corona. Mardoqueo, le repitió dos veces a Hadassa que, no revelara su origen. La biblia no explica la razón por la que ella no debería declarar de donde procedía, así que podríamos deducir que Mardoqueo tuvo miedo de que ella fuera rechazada por ser judía.

Ester recibe la noticia por parte del mensajero de lo que estaba sucediendo, esto fue un impacto muy fuerte para ella, sabía que su pueblo corría peligro de desaparecer; pero, también, estaba segura de que, Dios estaría de su lado para darles la victoria.

Ester manifiesta tener un mes de no ver al rey y que, a menos que el rey extienda su cetro hacia la persona que solicita verlo, si alguien decide entrar sin ser llamado, este podría morir. Sus mensajeros le dijeron esto a Mardoqueo y este de inmediato le da a entender que, ella no debe seguir callando; ya que ni siquiera ella estaba segura en la casa del rey. Aunque, Ester, se encontraba entre la espada y la pared; (porque confesar que los judíos eran su gente, podría costarle no solo destitución, sino muerte por haber engañado al rey, usando de otro nombre y ocultando sus raíces) en su corazón también había un fuego intenso, que la lanzaba al campo de batalla, que la quemaba desde adentro hacia afuera; por lo que no podía darse el lujo de seguir callando.

¡Dios estaba trabajando con ella! Él, tenía propósito con la vida de Estera, sí que la palabra clave salió de sus labios y le envió la respuesta correcta a Mardoqueo: *"Ve y reúne a todos los judíos que se hallan en Susa, y ayunad por mí, y no comáis ni bebáis en tres días, noche y día; yo también con mis doncellas ayunaré igualmente, y entonces entraré a ver al*

rey, aunque no sea conforme a la ley; y si perezco, que perezca". Ester4:9-15.
¡El propósito de Dios, siempre se cumple! Posiblemente, para muchos, hasta ese momento ni siquiera sabían que ella era judía. Si aquella mujer que había sido escogida como la reina de Persia, estaba del lado del pueblo de Dios, si las lágrimas caían de su rostro, si un dolor inmenso recorría su cuerpo y su alma, porque, su amado pueblo estaba bajo amenaza; también ella sabía que, si no hallaba gracia ante el rey, su condena era la muerte juntamente con su gente. En un momento como ese, tomar una decisión sabia, era de vital importancia, y ella escogió la mejor y más acertada opción: "la oración y el ayuno".

Esta decisión, propia de una gran guerrera de Dios, fue la llave para abrir las puertas de los cielos. Las tempestades pueden venir, en cualquier momento podemos ser probados, pero podemos estar completamente seguras de que, en el momento más difícil de la vida, nuestro mejor refugio es la oración; esta, es la herramienta que nos acerca a nuestro padre celestial.

Nuestro camino espiritual está cercado de un constante aprendizaje necesario para nuestras vidas. Ester aprendió a no revelar todo lo que sabía de un solo golpe, por esta razón ella elaboró una estrategia para poder desmantelar todo el plan de Amán.

El pueblo se dispuso a ayunar y orar. Al tercer día. Ester vistió uno de los mejores vestidos. Sus doncellas se esmeraron en el arreglo de su reina. ¡Ella se veía radiante! Su tiempo de oración, fue como un bálsamo para consolidar su fe, dándole confianza y seguridad en Dios. Se presentó al palacio y de inmediato los siervos la hicieron pasar hasta los atrios de la casa del rey, justamente frente a los aposentos. El rey estaba sentado en su trono, ella impaciente, no sabía la respuesta que obtendría por haberse presentado sin ser invitada. En ese momento, toda su vida paso frente a ella en un instante.

¡Tu nombre es Hadassa, hija de Abigail! Siendo muy pequeña sufriste el doloroso trauma de perder a tus padres. Luego de crecer siendo criada por tu tío Mardoqueo, fuiste separada de él, para ser llevada al palacio de Asuero, rey de Persia. Te criaste viendo como los judíos eran desechados y maltratados, conoces tu historia y sa-

¿Que requiere Dios a la mujer de este tiempo?

bes que, una vez más, Israel está siendo amenazado. No sabes que pasara cuando el rey Asuero atraviese esa puerta, pero el Espíritu de Dios te da la fortaleza para entender que, los designios de divinos te han llevado hasta ahí. Nunca pensaste que ibas a ser reina de Persia, (una nación que no es la tuya) tampoco, que, tendrías la responsabilidad de salvar el linaje de donde vendría el salvador del mundo. Allí, inundada por un cúmulo de emociones, estás esperando en la voluntad de aquel que te ha llamado y escogido, recordando una y otra vez tus propias palabras: *"si voy a perecer, que perezca"*.

De repente, el rey Asuero, levanta su mirada y desde sus aposentos observa a Ester. ¡Su rostro, dulce e iluminado con un resplandor diferente y apacible, llama la atención de quien está acostumbrado a enviar a un lacayo, para que acompañe a alguna de sus doncellas a sus aposentos! Me imagino como sus ojos recorrieron todo el lugar, tratando de buscar una explicación del porqué Ester estaba en sus atrios. El corazón de aquel altivo rey, ya había sido tocado por el Dios de Israel y allí estaba listo para escuchar a la reina.

Asuero, levanta su cetro de oro y con mucha sutileza le pregunta a la joven Ester, que le sucedía y cuál es tu petición. De manera extraña, quizás tanto era el amor que tenía por esta mujer que prometió darle hasta la mitad de su reino. Ella pide si ha hallado gracia ante los ojos del rey, le permita a Amán, acudir a un banquete que ella ha preparado ese mismo día para el rey Asuero. Ante esta propuesta, el rey inmediatamente pide que Amán sea avisado de la fiesta para que esté presente. (Ester 5:3-5).

¡Ester, había logrado su cometido en la primera etapa de su plan! Ella sabía que Amán no sospechaba de sus intenciones, por lo que después de este gran banquete, el rey quiso saber cuál era la petición de ella. Volvió a indagar prometiendo hasta la mitad de su reino, por lo que ella contestó que, si había hallado gracia ante él, regresara al siguiente día, con Amán, a otro banquete que ella prepararía, y entonces allí, ella le revelaría cuál era su petición.

¡Amán, estaba feliz! Su corazón estaba lleno de orgullo, diciendo que la reina lo invito solo a él al banquete del rey; creyéndose ser mucho más importante, informando a su esposa que nuevamente al día siguiente era invitado de honor a otro banquete y también organizado por Ester.

Para Amán, era incómodo ver a Mardoqueo sentado a la puerta del rey, y se lo confiesa a Zeres, su mujer. Ella le aconseja, juntamente con sus amigos cercanos, que mandase a hacer una horca para este judío, que tuviese una medida de 50 codos y le pida al rey que lo haga ejecutar; esto, agradó bastante a los ojos de Amán y así lo hizo.

Aquella misma noche, el rey no podía dormir y mando a buscar los libros de las memorias del reino. En ese momento, luego de revisar, leyó las hazañas hechas por Mardoqueo. Este judío había frustrado el complot de Bigtan y Teres; dos eunucos de las puertas del rey que intentaban matarlo. El rey, de inmediato, llamó a sus oficiales y les pregunto si habían honrado a Mardoqueo por haberle salvado la vida, a lo que le respondieron negativamente.

Terminando el rey de hablar, estaba en el patio del rey, Amán, quien había ido hasta allá para pedir que Mardoqueo sea ejecutado en la horca que él había mandado a hacer. El rey sale de inmediato y le dice a Amán que estaba justo a tiempo para honrar al hombre cuya honra desea el rey que se haga. Él, nunca se imaginó que le estaba hablando de Mardoqueo, por lo que preguntó que se debía hacer con aquel hombre. Amán, pensaría que no le podía estar yendo mejor en su vida, por lo que aconseja al rey que vistan a aquel hombre con ropas reales (creyendo que se trataba de sí mismo) y lo monten en el caballo real; así que, debía ser paseado por la plaza y honrado delante de todos, pregonando sus hazañas al pueblo. Entonces el rey dijo: "así has de hacer con Mardoqueo por lo tanto date prisa y cumple mis órdenes".

Amán, se molestaba bastante cada vez que veía a Mardoqueo, ya que este representaba aquella raza que él odiaba. ¿Podrías imaginar por un momento como se sentía este hombre ahora? ¡Este hombre malvado ahora había sido enviado a honrar a alguien a quien detestaba ver! ¡Era una orden a la que no se podía negar!

Jehová, de los ejércitos, estaba dando otro matiz a este acto de xenofobia, por parte de Amán. Ahora, él tenía que rendir honra a quien deseaba matar. ¡Sin duda, este perverso personaje veía venir

¿Que requiere Dios a la mujer de este tiempo?

como una avalancha sus desgracias! Podemos imaginarnos, el rostro de consternación del enemigo de los judíos, mientras pregonaba la honra de Mardoqueo, por toda la ciudad. Al llegar a casa, consternado, trata de explicar a su mujer lo que sucedió con el rey y Mardoqueo. Frente a lo acontecido, Zeres, su mujer, le contestó: *"si este hombre es descendiente de Judíos tu no tienes oportunidad con lo que haz planeado contra el".* (Ester 6:1-14) No había terminado de hablar, cuando los eunucos del rey llegaron y le informaron que el rey lo había enviado a buscar para ir al banquete de la reina Ester

Efectivamente, al amanecer Ester tenía todo preparado para la fiesta. Luego de haber comido y bebido bastante vino, surge nuevamente la insistente propuesta a la reina Ester de parte de Asuero: *"¿cuál es tu petición y cuál es tu demanda? Hasta la mitad de su reino te daría".*

Ester, procede a exponer su preocupación: *"mi rey, si he hallado gracia ante tus ojos, pido que sea salvada mi vida por petición y la vida de mi pueblo por demanda. Porque mi pueblo y yo fuimos vendidos y todos estamos a punto de ser exterminados; si nos hubiesen vendidos como esclavos yo callaría pero esto es irremediable".* El rey quedó impactado con la noticia, entendía que su reina estaba siendo amenazada, así que de inmediato quería saber quién era el autor, quien había ensordecido su corazón en contra de su reina y su pueblo.

Ester, con toda la humildad que le caracterizaba, respondió: *"el enemigo de mi pueblo es este malvado Amán".* El rey se levantó con gran furor y se dirigió hasta el huerto totalmente consternado, su hombre de más confianza en el palacio estaba conspirando contra su reina. Se tomó un momento fuera para respirar y pensar en todo lo que estaba escuchando de labios de su reina; de regreso a donde estaba Ester, observa que Amán se había dejado caer sobre la cama, suplicando por su vida. El rey, Al verlo sobre el lecho de su reina, se escandaliza y le grita si, también, quería violar a la reina en su propia casa. Acto seguido, los eunucos del rey le cubren el rostro al perverso Amán. Luego, uno de los eunucos llamado Harbona, le sugiere al rey ahorcarlo en la misma horca de 50 codos, que este había hecho para Mardoqueo. Así colgaron al enemigo de los judíos, y el rey Asuero apaciguó su ira.

Ese mismo día, el rey le dio el puesto de Amán a Mardoqueo y le coloca en su dedo el anillo que tomo de él y decide darle a la reina todas las propiedades que le pertenecieron a Amán. Por lo tanto, ella, decide poner a Mardoqueo como administrador de todos los bienes que eran de su enemigo.

Quizás, este es un buen párrafo para terminar esta historia, pero no. La reina Ester, siguió solicitando y haciendo peticiones al rey Asuero. Ella ya había tenido la confirmación de parte Dios de que todo lo que pidiese al rey, él lo concedería. En su momento, ella hizo otra petición al rey. La vida de los que querían asesinar a los judíos, ya había sido entregada en manos de su pueblo y este repitió las mismas palabras que Ester necesitaba escuchar como señal de Dios: *"dijo el rey cual será tu próxima petición y en que consiste tu demanda, hasta la mitad de mi reino te será concedida"*.

Podríamos suponer que, la atención que este rey daba a su reina, era debido al amor que este sentía hacia Ella; pero más allá de lo que él la amaba, él, estaba siendo tocado por el altísimo Jehová de los ejércitos. Una vez más, Él peleaba por su pueblo, de la manera más sutil que nadie se habría imaginado. Ester pide como demanda la vida de los diez hijos de Amán, que ellos igual sean puestos en la horca y que el pueblo lo pueda contemplar.

Una vez más, Dios en su infinita misericordia da al justo su recompensa. Ester y Mardoqueo, se mantuvieron siempre clamando y confiando en el todopoderoso. Una mujer de Dios que confía en Él, se lanza con valentía y mantiene la prudencia en cada uno de sus actos. Alcanza la recompensa por sus buenas obras. (Proverbios 13: 21)

¡Tú y los tuyos pueden ser recompensados de manera abundante delante del altísimo! Este es un tiempo en que, las mujeres temerosas de Dios, debemos tener una actitud de valentía ante las situaciones difíciles que se presentan en nuestras vidas o en la vida de nuestros seres queridos.

¿Que requiere Dios a la mujer de este tiempo?

Asignación espiritual para mejorar tu relación con Dios.

¿Qué nos enseña la actitud de La reina Ester? _____
_____
_____

¿Cómo aplicamos esta enseñanza a situaciones que se presentan en nuestras vidas? _____
_____

¿Cuántas veces has tenido la oportunidad de ver a Dios obrando a través de tu fe y valentía? _____
_____

¿En qué forma demuestras tu firmeza y valentía? _____
_____
_____

Versículo para escudriñar
¿Qué, pues, diremos a esto? Si Dios es por nosotros, ¿quién contra nosotros?
Romanos 8:31

Pensamiento positivo
Cultiva la belleza que está en tu interior, muestra las cualidades que te hacen diferente a los demás que solo sueñan y no accionan para despertar y cumplir lo que han soñado lucha por tu familia encomendando todos tus caminos a Jehová de los ejércitos.

Capítulo VIII
Ana, mujer persistente que confía

El nombre Ana, para los hebreos significaba gracia. Esta mujer estaba casada con Elcana, un levita temeroso de Jehová y determinado a cumplir a cabalidad de las leyes judías. Ana era la primera esposa de él, y por no haber dado descendencia a este, él decide tomar a Penina, como segunda esposa la cual le dio dos hijos.

En la decisión de tomar otra esposa para tener descendencia, siempre se contaba con la primera esposa debido a que esta tenía que convivir con las demás mujeres, y también, ayudarle a criar los hijos. Ana, era una mujer humilde, apegada a las leyes de Jehová, adoraba con devoción y sufría en silencio su afrenta de ser estéril. La infertilidad en la mujer siempre ha sido un asunto de mucha importancia, principalmente en la antigüedad. La presión de tener hijos en los tiempos bíblicos, era más cultural que teológica. A excepción de los griegos, que, a menudo abandonaban a sus hijos en la calle para morir en tiempos difíciles, la mayoría de las culturas de la era bíblica, valoraban a los niños y la fertilidad. Incluso, los cananeos, quienes acostumbraban a sacrificar a sus primogénitos, estos lo hacían con la creencia de que, si los entregaban como ofrenda a sus dioses, obtendrían más hijos y prosperidad más tarde.

Las mujeres adoptaron la creencia cultural de que, tener hijos era su mayor responsabilidad y su único propósito. Había cierta medida de urgencia; el hijo mayor era responsable de cuidar a su madre cuando su esposo hubiese fallecido. Incluso, las mujeres a menudo valoraban la fertilidad hasta un punto que se aproximaba a la idolatría.

Penina, la segunda esposa de Elcana, provocaba a Ana todo el tiempo, hasta el punto de burlarse de ella. Esta acción, era muy parecida a la de Sara y Agar. Cuando ella le ofreció a su esclava para procrear un heredero, nunca se imaginó que esta llegaría a burlarse de ella, hasta el punto de irritarla.

Esta era la misma situación de Ana. Las burlas de Penina se juntaron con las del pueblo, y esto le irritaba bastante. (1 Samuel 1: 6). En el caso, cuando Dios bendijo a Lea con hijos, Raquel su hermana se puso tan celosa que, en su desesperación por procrear le exigió a Jacob que le diera hijos también a ella (Génesis 30: 1-8). Jacob viendo la situación, decide explicar a su segunda esposa que es Dios quien abre y cierra el útero. Raquel le dio a Jacob su propia esclava para procrear y así poder tener hijos que le pertenezcan lo mismo que hizo Sara a Abraham. Así, comenzó una guerra de fertilidad que involucró a Jacob, con cuatro mujeres y los orígenes de las Doce Tribus de Israel. Cuando hago un recuento de los inconvenientes que se han presentado por causa de la infertilidad, lo hago desde el punto de vista de la idolatría. Todo ser humano puede llegar a desear tener descendencia, y esto es muy natural, pero nunca hasta el punto de situarlo en el lugar de Dios.

Ana sabía que, su única esperanza estaba en la mano de su creador, y, que al fin su afrenta sería quitada de su vida. Era costumbre de Elcana, subir al templo junto a su familia a ofrecer sacrificio. Él daba las ofrendas a Penina, para ofrecer en sacrificio, sin embargo, a Ana, él le ofrecía el doble y lo mejor. Elcana, nunca la menosprecio por su esterilidad y se dice que, él amaba a Ana más que a Penina, aunque esto no sustituía en el corazón de ella el vacío que sentía. Cada vez que ella le mencionaba el asunto a su esposo, este le respondía de manera muy sutil tratando de animarla, pero ella cada día estaba empeorando. ¡Sus emociones estaban siendo afectadas de manera muy peligrosa! Ana había dejado de comer y lloraba todos los días, dando muestra de que estaba siendo cada vez más, oprimida por una depresión que, de leve, podría pasar a grave. Elcana, su esposo, sabía que ella no era feliz y la impotencia de no

¿Que requiere Dios a la mujer de este tiempo?

poder hacer nada más por ella, era lo que le impulsaba a preguntarle si acaso él no era para ella mejor que diez hijos (1 de samuel 1:8). Por estas palabras, podríamos deducir que, debido a no saber cómo hacer para que ella estuviese feliz, trataba de consolarla de esta manera, o, Elcana, no compartía la lucha de oración que su esposa tenía por este hijo. Tal vez, él no tenía la misma entrega y pasión que ella mostraba ante Dios cuando pedía la bendición de un hijo. Aunque él daba muestra de haberse conformado de ver a su mujer sin hijos, ella seguía con la fe y la confianza de que Dios haría un milagro en su vida. ¡Nadie se imaginaba de que Dios tenía grandes planes a través del vientre de esta mujer!

Tal y como narra el libro de 1 de samuel 22 en adelante, sabemos que, el sacerdocio de Elí había sido un fracaso. Nunca supo cómo conducir a sus hijos a través del ministerio. Fracasó como padre y como sacerdote, y en esos momentos estaba pasando por una situación no favorable como consecuencia de la mala crianza ofrecida a sus hijos, los cuales habían sido formados sin límites, ni disciplina.

El pueblo no tenía profeta, ni sacerdocio. La adoración a Jehová era bastante precaria; pero, Dios había diseñado un plan para proveer a su pueblo un sacerdote, un profeta honesto, sacrificial y hacedor de la voluntad de Dios.

Dios requería un sacerdote que le sirviera de todo corazón, y con gran celo; por lo tanto, ese día, Ana se dirige al templo como siempre a ofrecer su sacrificio a Dios, con la confianza y certeza de que sus ruegos iban a ser escuchados. Nunca se dio por vencida, su fe la impulsaba a seguir esperando el milagro sin desmayar. En ocasiones, nosotras tenemos una petición delante del padre y entendemos que el tiempo ha pasado, y nada ha acontecido; por lo que, debemos entender que Dios permite que seamos probadas de muchas formas, para cultivar nuestra confianza y enseñarnos a esperar en Él.

Tus peticiones están delante de Él, cual perfume suave que jamás se desvanece. Las oraciones de Ana, eran acumuladas en la redoma divina, pero ese día, ella clamó de tal forma que, movió los cimientos de los cielos y con gran llanto, devoción y pasión le prometió a

Dios e hizo votos diciendo: *"Jehová de los ejércitos si te dignares a mirar la aflicción de tu sierva y no te olvidares de mí y me dieras un hijo varón, yo lo dedicare a ti todos los días de su vida y no pasare navajas por su cabeza"* (1 de Samuel 1:9-15). Sus lágrimas corrían por sus mejillas, mientras sus labios apenas se movían y su amargura conmovía a todo aquel que se acercaba a ella.

Así que, esto alarmó en gran manera a Elí, quien estaba allí mientras ella derramaba su alma durante largas horas delante de Jehová. Él estaba muy preocupado y la observaba, queriendo descifrar que tipo de borrachera tenía ella. Por un instante, su boca se detuvo de musitar palabra alguna y Elí decide acercarse más, entonces le dice: ¿hasta cuándo estarás borracha? Digiere tu vino y deja de llorar en la casa de Dios.

Ante esta afirmación de Elí, Ana le responde: *"no señor mío, yo no he bebido ni sidra ni vino, yo soy una mujer atribulada de espíritu que ha derramado su alma delante del Dios altísimo y nunca había divulgado mi aflicción hasta ahora"*.

Estas palabras nos permiten entender que, ella oraba en secreto y a nadie había dicho el tipo de petición que tenía delante de Dios. Con su humilde respuesta ella sorprendió de tal manera al sacerdote, que este, le bendijo diciéndole: *"vete en paz, y que el Dios de Israel te conceda las peticiones que has hecho"*.

Cuando ellos regresaron a su casa, situada en las montañas de Efraín, en un lugar llamado Rama; la escena se repetía una y otra vez en su cabeza, las palabras del profeta retumbaban en su mente y esto la fortalecía.

Tu nombre es Ana, tienes una edad ya avanzada para concebir hijos, en tu tierra todos te hacen burla por no haber tenido la bendición de ser madre; por lo que, tu esposo tomo a otra mujer por esposa. Ella se llama Penina, de la cual también, cargas con el peso de sus burlas. Se mofa de ti porque ha sido bendecida dándole prole a Elcana, su marido. Mientras caminas hasta tu hogar, te haces preguntas importantes en tu vida: ¿habrá escuchado Dios mi oración? ¿En qué tiempo recibiré la respuesta de mi petición? Y ¿si tengo este hijo tan deseado, seré la esposa completa que mi marido siempre deseó?

¿Que requiere Dios a la mujer de este tiempo?

La buena noticia es que ¡Dios ha escuchado tu petición! Desde lo alto Él, te ha concedido tener un hijo para su gloria y honra. ¡Tu afrenta será quitada y ya las mujeres no te llamarán tierra seca! Ana concibió y cuando se cumplió el tiempo, dio a luz un hermoso varón como lo había pedido a Dios, a este, llamó Samuel. Cuando llegó el tiempo de destetar a niño, ella lo llevo al templo y lo entrego al profeta Elí, para que lo entrenara en el trabajo del señor. Luego de samuel, Ana concibió y dio a luz tres hijos varones y dos mujeres.

Cuando hay una razón tan poderosa para adorar, adoramos de diferentes formas; así que, Ana compuso este cántico a Dios como muestra de gratitud: *"Mi corazón se regocija por el Señor, mi poder se exalta por Dios; mi boca se ríe de mis enemigos, porque gozo con tu salvación. No hay santo como el Señor, no hay roca como nuestro Dios. No multipliquéis discursos altivos, no echéis por la boca arrogancias, porque el Señor es un Dios que sabe; él es quien pesa las acciones. Se rompen los arcos de los valientes, mientras los cobardes se ciñen de valor; los hartos se contratan por el pan, mientras los hambrientos engordan; la mujer estéril da a luz siete hijos, mientras la madre de muchos queda baldía".*

Dicho cántico, salió desde lo más profundo de su corazón y ella en su regocijó y en agradecimiento, lo dedica al señor. "La mujer que mucho debe a Dios, mucho agradece". ¡Mi alma se regocija en el señor, al saber que, sus maravillas son de generación en generación!

Mujer del Dios altísimo, ¡que tu alma sea agradecida ante el padre celestial! La historia de esta mujer, es un ejemplo de persistencia, confianza y agradecimiento. Ana, era una profetiza la cual nadie nunca reconoció como tal, ya que al unirse a Elcana, el cual era levita, su inclinación para educar a su hijo en el camino del señor era el sacerdocio que por derecho correspondía a Samuel, por parte de su padre. Posiblemente, durante su embarazo, ella divulgó a todo el pueblo que, su hijo seria profeta de Jehová; por lo tanto, una vez que el niño fue entregado al templo para el servicio de Dios, tiempo después, Jehová comienza a hablar con Samuel (1 de samuel 1-4)

Asignación espiritual para mejorar tu relación con Dios.

¿Qué ejemplo aprendimos de Ana? _____

_____

¿Cómo aplicamos esta enseñanza, a situaciones que se presentan en nuestras vidas; cuando tenemos una petición ante Dios por mucho tiempo? _____

_____

_____

¿Alguna vez has recibido la respuesta de una petición que esperaste por algún tiempo? _____

_____

¿Explica cómo demuestras tu confianza ante Dios en la espera de una respuesta? _____

_____

Versículo para escudriñar:
"No hay santo como Jehová; Porque no hay ninguno fuera de ti, y no hay refugio como el Dios nuestro". 1 de Samuel 2:2

Pensamiento positivo
La fe y la persistencia, son aliadas y engrandecen la esperanza con respecto a toda petición. Dios honra tu fe, no desmayes en aquello que pides a Dios.

Capítulo IX
María Magdalena, una mujer agradecida

¡Sus lágrimas caían sobre sus mejillas! Sus pasos temblorosos y casi sin aliento se dirigían sin vacilar, hacia el lugar en donde habían puesto el cuerpo del maestro. Mientras se dirigía al sepulcro, su dolor se reflejaba en el rostro, como si proyectara cada escena de la crucifixión de cristo. Hacían solo tres días que, el maestro había sido crucificado, y, como ya había pasado el día de reposo, ella se dirigía al sepulcro del maestro para concluir el proceso de embalsamiento iniciado en víspera del día de reposo.

Su rostro, de hermoso parecer y su cabellera abundante, cubrían su espalda. ¡Sin duda alguna, este capítulo está dedicado a la maravillosa María Magdalena!

Ella pasa sus mejores años siendo una pecadora. Se sabe que nació cerca del año 20 d.C, y su nombre deriva de Magdala, una población ubicada a la orilla del mar de Galilea, cercana a Tiberia, lugar en el que Jesús la encontró por primera vez. En ese encuentro, Lucas, la introdujo como una pecadora; sin embargo, no afirmó que haya sido prostituta, como se ha mencionado comúnmente. Jesús

reprende y hecha fuera de ella siete demonios y esta queda liberada instantáneamente, el poder de Dios transforma su vida y desde ese instante ella sigue al maestro.
Unos momentos más tarde, mientras Jesús cenaba, María, se arrojó a sus pies llorando y empieza a secarlos con sus cabellos, derramando un frasco de alabastro con perfume, ungiendo a Jesús. Aunque muchos de los presentes recriminaron las acciones de esta mujer, Jesús la acogió, elogió y halagó su acción; perdonó sus pecados y permitió que lo acompañara junto a sus otros seguidores.
María Magdalena siguió al maestro y a sus apóstoles, en muchos de sus viajes por Galilea. Ella llegó a ser parte del grupo de mujeres que le servían desde sus bienes, donde incluso encontramos otras Marías.
Esa mañana, los apóstoles y discípulos no se percataron de que María Magdalena se había marchado para terminar su trabajo de embalsamar el cuerpo del maestro. Llegó muy temprano a la tumba, con el corazón herido por la partida del maestro. Ella, había compartido con él y sus seguidores y aquel tiempo que estuvo a su lado, fue el mejor de su vida; ahora, con su partida, sentía que había quedado sola de nuevo.
¡Su agradecimiento era infinito! Y, aún no se acostumbraba a la idea de haberlo perdido. Lloró cada día y esperó con impaciencia que pasara el día de reposo para dar su último adiós. Notemos que ella no se encierra en su dolor, ya no es la maría Magdalena de antes; la mujer que ahora vemos, es alguien capaz de lidiar con el dolor, con el duelo y el miedo hacia aquellos que torturaron y mataron a su maestro. Mientras muchos de los discípulos estaban bloqueados, desanimados por el dolor, algunos presos del miedo y otros pasando por la etapa de la negación, ella se atrevió a enfrentar todo esto y se dirigió hacia el sepulcro.
Al llegar, ella, junto a otras mujeres al lugar, observa que los lienzos están vacíos, que el cuerpo del maestro no está, por lo que sale corriendo a buscar a alguien que le pueda informar y llorando se detiene en la puerta (Marcos 16:9-11) asoma su cabeza para ver de nuevo, pero al voltear, ve una luz brillante que le iluminó el rostro. Dos ángeles con vestiduras resplandecientes, sentados uno

¿Que requiere Dios a la mujer de este tiempo?

a la cabecera y el otro a los pies de la tumba, en donde estaba el cuerpo del maestro. Ellos le preguntan: "mujer, ¿por qué lloras?" La respuesta de ella fue: "se han llevado a mi maestro y no sé a dónde le han puesto".

Pero María estaba fuera, llorando junto al sepulcro; y mientras lloraba, se inclinó y miró dentro del sepulcro; y vio dos ángeles vestidos de blanco, sentados donde había estado el cuerpo de Jesús, uno a la cabecera y otro a los pies. Y ellos le dijeron: Mujer, ¿por qué lloras? Ella les dijo: Porque se han llevado a mi Señor, y no sé dónde le han puesto. Al decir esto, se volvió y vio a Jesús que estaba allí, pero no sabía que era Jesús. Jesús le dijo: Mujer, ¿por qué lloras? ¿A quién buscas? Ella, pensando que era el hortelano, le dijo: Señor, si tú le has llevado, dime dónde le has puesto, y yo me lo llevaré. Jesús le dijo: ¡María! Ella, volviéndose, le dijo en hebreo: ¡Raboni! (Que quiere decir, Maestro). Jesús le dijo: Suéltame porque todavía no he subido al Padre; pero ve a mis hermanos, y diles: «Subo a mi Padre y a vuestro Padre, a mi Dios y a vuestro Dios». Fue María Magdalena y anunció a los discípulos: ¡He visto al Señor!, Y que Él le había dicho estas cosas.(Juan 20:11-18)

Antes de ese momento, ella, al igual que los demás discípulos, habían olvidado la promesa del maestro acerca de su resurrección. Quizás, había también olvidado la resurrección hecha por Jesús a Lázaro, cuando después de tres días de muerto el maestro lo había vuelto a la vida (Juan 11:38-50). Jesús se le revela a María Magdalena, y esta, de inmediato, lleva el mensaje a los discípulos. Juan, el discípulo amado y Pedro corren de prisa hasta llegar al sepulcro a confirmar si era cierto lo que ella decía.

Pedro entra y ante el vacío no reacciona, sin embargo, su compañero que llegó primero entra y cree. Pedro aún está consternado y su reacción es distinta, como resultado de haber abandonado y negado al maestro. ¡Necesita tiempo! Su compañero, que es el discípulo menor, y a quien Jesús le tenía un gran aprecio, aquel que más entendió de corazón a Jesús, empieza abrirse a la vida del Resucitado. Cada seguidora y seguidor de Jesús, tendrá que hacer su propio proceso de pasar, de la muerte a la vida. En algunas personas esto sucede en un instante, pero en otros es un proceso lento.

Para el discípulo amado, le basta ver el vacío de la tumba para percibir que la muerte no ha tenido la última palabra sobre Jesús, que el "cuerpo" de su maestro ahora ha alcanzado la plenitud de vida, junto al Padre que lo ha levantado de entre los muertos. Él entendía que ahora su mentor está junto al Dios de la vida. Pedro, necesita un poco más de tiempo, pero sobre todo necesitará que el Señor retorne sobre él con una palabra de fortaleza.

Solo la tumba vacía por sí misma, nos da la certeza del poder y la plenitud del Cristo viviente. A pesar de todo, algunos pensaban: *"Se han llevado del sepulcro al Señor y no sabemos dónde lo han puesto"* (Juan 20:1-20). Se encuentran en parte desconcertados, por suponer que el cuerpo había desaparecido por voluntad humana.

María Magdalena, en esos momentos, está teniendo un reencuentro con su maestro. Ella está llorando en la entrada del sepulcro y él la llama por su nombre. Del susto, comienza a temblar todo su cuerpo, se estremece como las hojas de los árboles al ser tocados por el viento y ella responde: "Raboni" (que en hebreo significa maestro). Ella de inmediato se acerca, y quiere verificar si no está viendo un espíritu o un fantasma, pero Jesús le dice que no lo toque, porque aún no ha subido a su padre, y le encomienda ir a sus hermanos y contar las nuevas de su resurrección.

¡Estas palabras llenaron su corazón de regocijo! Era el momento más hermoso de su vida. Había visto al Cristo resucitado por primera vez, su corazón palpitaba rápidamente; quizás es poco lo que pudiese describirse de cómo se sentía y todas sus emociones mezcladas. Desde hacía más de tres días se mantuvo llorado y estuvo presente mientras Jesús era sepultado, y ahora estaba vivo.

Llegó hasta donde estaban los discípulos y de inmediato les dio las buenas nuevas. María Magdalena, había iniciado un nuevo ministerio en su vida, recibió y ejecuto la gran comisión. Ella fue de las primeras en predicar la resurrección de Cristo. ¡Para ella ahora hay un nuevo amanecer! Esa resurrección le ha dado una nueva esperanza, ahora lloraba de alegría, Jesús había resucitado tal como lo había profetizado.

Tu nombre es María Magdalena, has sido rechazada por la sociedad, poco se sabe de tu verdadera historia, pero ¡alguien la conoce muy bien! Te has sentido humillada, conoces el mundo como pocas, y también sabes lo duro que este te ha tratado. Has llegado al

¿Que requiere Dios a la mujer de este tiempo?

punto de creer que, todo está perdido, hasta ese momento en que te encuentras con el único capaz de darle sentido a tu vida. Es así como, un maravilloso personaje aparece en tu camino y todo adquiere un nuevo matiz.

Le has tomado mucho aprecio, sientes que es todo lo que necesitabas para ser feliz. ¡Pero! De un momento a otro, recibes la noticia más triste que pudieras escuchar: "La única persona que logró darle sentido a tu vida, acaba de morir" te embarga el miedo, el dolor, la desilusión. Ahora estás peor que antes, deseando que todo sea un sueño, pero es verdad. Antes de morir, esa persona te hizo una promesa de regresar, pero han pasado varios días y nada sucede. Te levantas un día temprano, y escuchas una noticia que parece demasiado increíble: "aquella esperanza que parecía haber muerto, ha resucitado" La vida te sonríe, de nuevo vuelves a soñar, estás feliz de saber que la promesa fue cumplida.

Jesús ha llegado para restaurar todo aquello que parecía perdido, y tú, lo estás viviendo con esplendidez, ¡el único que podía condenarte, te perdonó, te liberó, te tomó en sus brazos y prometió quedarse contigo para siempre!

Querida lectora, una nueva esperanza puede nacer en ti: cada amanecer, es una oportunidad para anunciar la muerte y resurrección de cristo.

Esta guerrera, como fiel seguidora de Cristo, venció su temor ante el ejército romano, venció sus limitaciones como mujer y decidió ir al sepulcro, porque su agradecimiento era mayor que sus temores. Ella nunca se imaginó que iba a ser tomada como instrumento para anunciar la resurrección de su maestro.

Cada mujer que en este tiempo es llamada al ministerio de la predicación, debe tener en cuenta que muchas son las limitaciones que el enemigo nos presenta, para que no demos un paso más en el camino del señor; pero, Él ha dicho en su palabra que hemos sido escogidas, ¡Somos especiales!

Descubre tu identidad en Cristo, así como lo hizo esta mujer, para que sepas con qué objetivo Dios te ha llamado en esta tierra y ese propósito sea cumplido en ti.

La transformación de María Magdalena, fue un proceso divino.

Elvira Medina

Dios estuvo preparándola para cumplir su propósito en ella. La invitación es a que te dejes transformar por Cristo y recibe su resurrección que traerá un nuevo amanecer para ti y los tuyos.

Asignación espiritual para mejorar tu relación con Dios.

¿Qué aprendimos de la vida de María Magdalena? _____
_____
_____

¿Cómo aplicamos esta enseñanza a la transformación de nuestras propias vidas? _____
_____

¿Alguna vez te has preguntado cual es el propósito de Dios para ti?
_____
_____

¿Explica cómo ha impactado a tu vida la entrega y el agradecimiento de esta mujer de Dios? _____
_____

Versículo para escudriñar
"Mas Dios muestra su amor para con nosotros que, siendo aun pecadores, cristo murió por nosotros". Romanos 5:8

Pensamiento positivo
Nuestra gratitud es como un suave perfume ante la presencia de nuestro padre celestial, nunca debemos olvidar agradecerle, aun en los momentos más difíciles de nuestras vidas.

Capítulo X
María, una mujer con una gracia muy alta

Mientras estaba haciendo los quehaceres de la casa, María, ve una luz que entra por su ventana y de repente oye una voz dulce y melodiosa que le dice "salve". De inmediato, cae de rodillas y no sabe que está pasando, pero entiende que está ante una presencia divina. Levanta su rostro y observa con cuidado el dulce rostro del ángel Gabriel, que fue enviado para anunciarle que ella quedaría embarazada y daría a luz al Mesías prometido. (Lucas 1:26) Ante este anuncio de salvación y buena voluntad, María se siente turbada. ¡No podía creer, tener tan alto honor! Este ángel viene justamente a su casa a dar tan sublime salutación. Su rostro se ilumina y con corazón regocijado le responde: *"he aquí la esclava del señor hágase conforme a tu voluntad"*.

De acuerdo con la costumbre judía, María, siendo niña, fue ofrecida al Templo para ser educada, iniciada y formada en la adoración a Dios, bajo la guía de mujeres virtuosas que vivían en edificios adyacentes; quiénes, a su vez, tenían a su cargo el arreglo y cuidado del Templo y eran dedicadas a la oración. Estas mujeres al servicio del Templo han sido parte de una larga tradición, que se remonta a los tiempos de Moisés (Ex 38, 8).

Según la tradición hebrea, a la edad de 14 años, fue prometida como esposa a José; sin embargo, María continuó viviendo en su casa paterna hasta que transcurriera el año, tiempo prudencial, según la costumbre hebrea, entre el casamiento y la entrada de la esposa a la casa. Su prometido era carpintero de oficio, descendiente de la tribu de David (Lc 1,27).

Luego del anuncio del ángel, María se dirige con prisa a la casa de su prima Isabel, que estaba en los últimos tres meses de embarazo de quien sería conocido como Juan el Bautista. Isabel vivía a unos 150 Km de Nazaret, en Galilea. Cuando María llega, Isabel la saluda con estas emotivas palabras:

"¿Por qué se me concede esto a mí, que la madre de mi Señor venga a mí? Porque tan pronto como llegó la voz de tu salutación a mis oídos, la criatura saltó de alegría en mi vientre. Y bienaventurada la que creyó, porque se cumplirá lo que le fue dicho de parte del Señor" (Lc 1,43).

María, llena de alegría y gozo se postra y adora a Dios con un cántico: *"Proclama mi alma la grandeza del Señor, y se alegra mi espíritu en Dios."*

Cuando María regresa a Nazaret, se enfrenta a una no muy agradable experiencia; "la duda de José". Debido a su maternidad, este la repudia en secreto porque piensa que le fue infiel y ahora tiene que abandonarla. María sufre y calla, una mezcla de sentimientos la embargan produciendo dolor e impotencia, Ella había sido escogida como la madre de su salvador. Su prometido, el hombre que la tomaría como esposa; estaba dudando de su fidelidad. En medio de todo, ella esperaba a que Dios viniese en su ayuda. Un ángel se presenta en un sueño a José, quien presuroso adelanta la ceremonia de la fiesta (Mt 1:18-25)

Un edicto de Cesar Augusto, manda a realizar el censo (Lc 2:1) y ordena que todos los judíos sean empadronados, y esto obliga a los dos esposos a ir a la ciudad de origen de la dinastía de David, a Belén de Judá. Su viaje fue muy presuroso, por las arduas condiciones del camino y por el estado de embarazo; ya que María estaba muy próxima al alumbramiento.

En Belén, los esposos no encuentran lugar para alojarse. María tiene mucho dolor y al llegar al último mesón, el dueño le propone que se alojen en el pesebre, para que no pasen la noche en el camino; así que María da a luz a su Hijo primogénito en un pesebre,

¿Que requiere Dios a la mujer de este tiempo?

en el campo en Belén (Lucas 2: 7). Algunos pastores acuden para adorar al Niño Jesús, que recién había nacido (Lc as 2 8-19) María estaba viviendo momentos muy sublimes, los cuales ninguna mujer sobre la tierra había vivido; y la visita de estos pastores que habían venido para adorar, le confirmaron las profecías del ángel. Posteriormente a la llegada de los pastores, llegan los Magos de Oriente (Mt 2, 1-12) que buscan al "Rey de los judíos" recién nacido. Al oír esto, Herodes se llena de espanto, ya que tanto romanos como judíos conocían la profecía y la mayoría daban una connotación más política que espiritual. Cuando los magos encuentran al Niño, le ofrecen sus regalos, aliviando la situación de la Sagrada Familia. Los magos se marchan y el Ángel del Señor se aparece en sueños a José, diciéndole que huya con su familia a Egipto, porque Herodes busca al Niño para matarlo (Mt 2,13-16). El viaje es de 500 kilómetros hasta Egipto y María acababa de dar a luz, tenía que emprenderlo sin saber que sería de ella y de Jesús (Mateo. 2,14). Todo este relato indica que maría fue una mujer humilde, sumisa, valiente; con una fe inquebrantable y con mucho conocimiento de las sagradas escrituras. Una mujer que entendió de inmediato, cuál sería su misión y propósito en el ministerio que Dios había puesto en sus manos. Ella nunca olvidó que, Jesús era su salvador y señor. Esto lo podemos confirmar el episodio de las bodas de Canaán, en donde se le llama a ella como pariente de los novios.

No se han escrito más episodios acerca de María, excepto de cuando suben al templo y Jesús era niño, lo pierden de su vista y más tarde lo hallaron asombrando a los eruditos de las escrituras. Es de asumir que transcurrieron 20 años de trabajo, después, Jesús sale a cumplir su ministerio, y su madre ya estaba viuda. Luego vemos a María en las bodas de Caná, donde obtiene de Jesús su primer milagro en favor de los esposos (Juan 2,1). María, de vez en cuando, veía a Jesús (Mt 12, 46), y lo seguía en sus peregrinaciones apostólicas (Juan 2:12, Lucas 8).

Como es de suponerse, durante la pasión de Jesús, María lo siguió de cerca. La traición de Judas, la conspiración del Sanedrín y los acontecimientos de su crucifixión, la destrozaba por dentro de saber que su hijo había sido condenado a muerte. María está debajo de la cruz de su hijo moribundo, quien dirige sus últimas palabras para encomendarla a su discípulo predilecto. (Juan 19,25).

Tu nombre es María, de un momento a otro, se te asigna una labor demasiado grande de parte de Dios, que pone en conflicto tus propios intereses, incluso, hasta el punto de casi perder aquello que más amas. En ti, hay una promesa que dará fruto hasta bendecir a otros, sin embargo, sabes que tendrás que estar en lugares donde no soñaste estar, pero tienes la confianza de que aquel que te llamó te sacará en victoria. La promesa se ha cumplido, ahora tienes aquello que te fue profetizado. Tienes esa bendición asignada, pero no será por mucho tiempo. Esa bendición tiene como propósito ser bendición para otros, aunque te toque desprenderte de ella. ¿Cuál sería tu actitud, frente a aquello que sucede? ¿Te adueñarías de dicha bendición, negándote a que ella cumpla el propósito por el que fue enviada?

Debes, entender que solo eres un canal para bendecir a otros. Que la gracia puesta en ti, tiene un objetivo superior. Siéntete feliz, de poder ser un instrumento en las manos divinas, para el cumplimiento de propósitos eternos.

Asignación espiritual para mejorar tu relación con Dios.

¿Qué nos enseña la vida de María, la madre de Jesús? _____
_____
_____

¿Cómo aplicamos esta enseñanza, para someter nuestra propia voluntad a la voluntad de Dios? _____
_____
_____

¿Estas dispuesta a que Dios haga su perfecta voluntad en tu vida?
_____

¿Explica cómo ha impactado a tu vida la entrega y gracia de esta mujer de Dios?_____

¿Que requiere Dios a la mujer de este tiempo?

_____
_____

Versículo para escudriñar:

"Entonces María dijo; He aquí la esclava del señor hágase conforme a su voluntad y el ángel dejándola se fue" Lucas 1:38

Pensamiento positivo

Somos hijas amadas de Dios, Él, tiene un propósito divino para todas nosotras y siempre nos dirige hacia la consecución de su plan divino.

Capítulo XI
La mujer sirofenicia, una fe persistente

Cuando tenemos un hijo(a) padeciendo una enfermedad, cuando hemos agotado todos los recursos, para tratar de darle salud y no vemos ningún avance, sentimos una impotencia indescriptible que nos empuja a buscar más allá de lo evidente y sin importar lo que tengamos que pasar o el sacrificio que tengamos que hacer; lo intentamos todo sin vacilar.

La familia es un sistema, cuando alguno de los miembros de este sistema padece alguna enfermedad, todo el sistema se ve afectado. Los problemas se multiplican, ya que se afectan todas las dimensiones de nuestro círculo familiar; tanto lo económico, conyugal espiritual y emocional.

La mujer sirofenicia, tenía un pasado muy oscuro. Ella había salido de un ambiente de idolatría y hechicería. Llena de afectaciones espirituales y con profunda dedicación a la santería y brujería. Sin saber las consecuencias de esto, ella continuaba en este camino de oscuridad.

En Marcos capítulo 7: 22 la biblia dice que, ella había salido de la región de Tiro y Sidón y que era griega y sirofenicia. Había escuchado que el maestro había llegado de manera encubierta hasta esta tierra y que la mujer sirofenicia lo había encontrado; ya que había acudido a Él con diligencia, diciendo: "señor, hijo de David, ten misericordia de mí". Esta mujer representa a tantas madres que están sumidas y consumidas por cualquier situación de salud, referente a algún miembro de la familia. ¡Su hija estaba siendo grandemente atormentada por un demonio! La biblia no dice cuáles eran los síntomas que presentaba, pero ya sus coterraneos la habían diagnosticado como, "poseída por demonios".

La expresión: "ten misericordia" es la primera que debemos decir cuando clamamos a Dios. Él, es infinitamente misericordioso y nunca desprecia un corazón contrito y humillado (Salmo 51:17). La misericordia divina, es lo que nos permite disfrutar de todas sus bendiciones. Esta mujer desesperada y abatida, comenzó su clamor al maestro con estas humildes palabras. En el versículo 23, su fe es puesta a prueba. Cuando los discípulos viendo que la mujer se dirige directamente al maestro y no busca un intermediario, le dicen a Jesús; *"maestro despídela porque da voces detrás de nosotros".* En esos momentos, ella siente que su clamor quizás no sería escuchado, pero ella tenía que seguir intentándolo por amor a su hija. Esta mujer que, por cierto no conocemos cual sea su nombre, no se desanima ni piensa en marcharse; antes, persiste en su solicitud. Entonces, Jesús poniendo nuevamente a prueba la fe de ella, tras su insistencia le pregunta: ¿Que quieres? Y ella le dice; sana a mi hija por favor. Jesús conociendo la procedencia de esta mujer, le dice: "no es justo que te atienda ya que solo he sido enviado a las ovejas perdidas de la casa de Israel". El maestro nunca se había rehusado a hacer un milagro a los enfermos que se le acercaban pidiendo sanidad, ni siquiera en el caso de personas que lo perseguían, pero en el caso de esta petición él quiso probar la fe de ella. Ella sabía que, esta era la oportunidad de alcanzar la misericordia de aquel que obraría un milagro en su hija. Ella había investigado acerca de las obras y maravillas que Jesús había realizado en Jerusalén, y en toda la casa de Israel; por lo tanto, estaba segura de que Él podía sanar a su hija y liberarla de aquella posesión maligna, si ella apelaba a su misericordia. Nadie había podido liberar a su niña de aquel tormento, sin embargo, allí estaba parada frente al único que lo podía hacer. Estaba frente a la oportunidad de su vida, y no se daría por vencida hasta obtener lo que buscaba. Él, era su única esperanza así que, decidió ir más allá de un simple ruego o petición

¿Que requiere Dios a la mujer de este tiempo?

y decidió postrarse ante el maestro y clamar.
Existe una gran diferencia entre clamar, rogar y orar. Esta mujer primero daba voces detrás de los discípulos rogando hasta llamar la atención del maestro. Cuando el maestro le contesta y pone a prueba su fe, entonces decide pasar del ruego al clamor, el libro de Jeremías 33:3 dice: *"clama a mi y yo te responderé y te enseñare cosas grandes y ocultas que tu no conoces"*. El clamor no tiene un espacio de tiempo entre petición y respuesta. La mayoría de nosotras, casi todo el tiempo hemos orado por alguna petición determinada, pero, solo recibimos instantánea cuando clamamos. El clamor es un gemido que sale de lo más profundo de nuestro ser, y tiene el poder de mover los cielos, destruir barreras y quebrantar voluntades malignas que quieren impedir que la respuesta llegue a nuestras vidas o la de aquellos por quienes intercedemos. Cuando Jesús le contesta, ella clama con un gemido desde el alma, se postra ante Él y le dice: ¡Señor socórreme!.
Jesús al ver esta madre postrarse con tan grande fe, con una inquebrantable persistencia y con tal clamor, le responde: "No está bien tomar el pan de los hijos y echárselo a los perrillos", pero ella entendía en su corazón que, una migaja del maestro bastaba para que su hija recibiera liberación; por eso, ella le responde: *"si señor, pero aun hasta los perrillos comen de las migajas que caen de la mesa de su amo"* (Marcos 7:28).
Querida lectora, esta mujer tuvo una persistencia increíble, desde que decide seguir al maestro y esperar la ocasión para rogar; hasta pasar por las pruebas de su fe escuchar. No se detuvo al oír los argumentos de los discípulos y se propuso tocar la misericordia del hijo de Dios.
Al escuchar estas palabras Jesús, de inmediato le dice a la mujer: "Oh mujer, grande es tu fe, hágase contigo como quieres" y dice la biblia que, en ese mismo momento, su hija recibió sanidad y aquellos demonios la dejaron en paz.
Te llaman sirofenicia, ni siquiera la gente sabe tu nombre, estas cansada de tratar de solucionar tus problemas de múltiples formas. Alguien en tu familia se encuentra muy mal de salud, has agotado los recursos y te has sentido engañada en tu buena fe, nadie ha

podido ayudar a esa persona que amas y quieres ver sana. Escuchas de Jesús, pero parece imposible acercarte a Él. Algunos intentan desanimarte, incluso, las palabras de Jesús son muy fuerte para ser escuchadas por cualquier persona, sin embargo lo soportas porque no te quieres ir sin tu milagro.

Tus palabras, tu insistencia, tu deseo de obtener el milagro, han conmovido el corazón de Jesús, y aquello que parecía imposible, por fin se ha dado. ¡El milagro ha ocurrido! ¡Por fin, la sanidad llegó! Te has dado cuenta de que vale la pena creer y esperar, clamar, insistir, y no desistir. ¡Sin duda, a partir de ese momento tu vida cambió!

Nosotras como madres, no tenemos fronteras ni barreras cuando de luchar por nuestro hijos se trata. No importa quién se atraviese por delante, todo lo que tengamos que hacer por nuestros hijos lo hacemos; para que sean bendecidos por nuestro señor. Como mujeres de Dios, entendemos que, nuestro refugio y sustento dependen del padre celestial y que, solo alcanzamos su misericordia infinita si hallamos gracia ante sus ojos. Debemos comprender que, la persistencia es elogiable y agradable ante nuestro padre celestial. No olvidemos la parábola del juez injusto y la viuda insistente (Lucas 18:1-8) y seamos persistentes en la búsqueda de su favor divino.

Asignación espiritual para mejorar tu relación con Dios.

¿Qué ejemplo aprendimos con la historia de Ana? _____
_____
_____

¿Cómo aplicamos esta enseñanza, a situaciones de enfermedad que se presentan en nuestras familias? _____
_____

¿Alguna vez, has clamado a Dios y has recibido respuesta instantánea de Dios?_____
_____

¿Que requiere Dios a la mujer de este tiempo?

¿Explica cómo demuestras tu confianza ante Dios en la espera de una respuesta? _____

_____

Versículo para escudriñar

"¿Y acaso Dios no hará justicia a sus escogidos, que claman a él día y noche? ¿Se tardará en responderles?" Lucas 18:7

Pensamiento positivo

La fe y la confianza en nuestro padre celestial, nos acercan a nuestro milagro, fortalecen la confianza en Dios y tendremos una fe inquebrantable.

Capítulo XII
La viuda de Naín. Dios, Él te ve

Los cielos se colmaban de tenebrosas nubes, el sol estaba cubierto en nieblas y las numerosas voces de la muchedumbre, ahogaban el gemido de una viuda que lloraba. Este, era el día más triste de su vida, parece ser que no hacía mucho que su esposo había muerto, apenas había terminado de llorar su partida, cuando su único hijo enfermó y murió.

Al final de toda disertación, podríamos decir que, cada una de estas mujeres que hemos estudiado en este libro, son mujeres humanas, con cualidades y defectos. Que nuestro padre requiere de nosotras que seamos mujeres piadosas, de oración, confiadas en su amor e infinita misericordia, que vivamos una vida en santidad y que nunca nos apartemos de su camino.

Este sería el fin de todo discurso, pero no puedo obviar la situación tan triste que embargaba la viuda de Naín. Su caso fue un caso singular. Entre las mujeres que menciono en este libro, es la segunda sin nombre.

Como todos sabemos, existieron mujeres prominentes que no fue nombrada en la biblia, así como ella, sin embargo, es obvio que, no debemos pasar por alto que, "esta viuda, no buscaba el favor de Dios". Las mujeres de esa sociedad, eran bendecidas grandemente cuando podían parir. Esto les daba la seguridad de que su hijo mayor, estaría en la obligación de quedarse con ella, hasta que esta muera. Quizás todo esto daba vueltas en su cabeza, nosotras las madres, entendemos que, debemos partir de esta tierra primero que nuestros hijos.

Podríamos preguntarnos ¿cómo es posible que Dios permita que sucedan cosas así tan tristes en una familia y que personas como la viuda sufran tanto? Pero el propósito de Dios es cumplido en cada paso que damos en la vida. Ese día, había dos multitudes, una multitud iba siguiendo a Jesús y algunos discípulos que andaban con Él, y la otra multitud seguía el féretro, que llevaba el cuerpo sin vida del hijo de la viuda.

Parece ser que, esta mujer era muy reconocida por Naín, ya que una gran multitud le acompañaba en el sepelio de su hijo dando muestra de solidaridad. ¡Qué contraste entre las dos multitudes! Una llena de vida y esperanza, otra de muerte y tristeza. Donde Cristo está presente, hay esperanza, donde está ausente hay desesperación y muerte.

Aquí vemos, de forma paralela, la consecuencia del pecado, que es muerte, tanto física como espiritual. Y vemos las consecuencias de estar, creer, y seguir al unigénito de Dios, que es vida eterna en Cristo Jesús (Romanos 3:23).

No hay ningún funeral que no nos cause dolor. ¡Cuánto más a los dolientes por la pérdida! En los acompañantes se produce tristeza por revivir recuerdos de familiares perdidos anteriormente.

Cuando Jesús ve a la mujer llorando tan amargamente, fue movido a misericordia, y sintió gran dolor al ver la escena que cruzaba ante sus ojos. Dios sabe cada una de las circunstancias que atravesamos. Él escudriña lo más profundo de nuestros sentimientos. (Lucas 7:11-17) Está atento a nosotros y se conduele de nuestro dolor; por lo tanto, nunca dudemos de su amor.

Esta mujer no clamó, en ningún momento suplicó por su hijo muerto. Jesús se acerca a la viuda y le dice: "no llores". En ese momento, Él quiere consolarla y secar sus lágrimas, calmar su dolor. La pérdida de un hijo es el dolor más grande que una madre puede experimentar, pero, el maestro estaba allí para proveer una nueva esperanza.

Nuestro señor nunca cambia, Él, es el mismo ayer, hoy y siempre. Sus manos se posan sobre el ataúd, y hace un ademán para detener

¿Que requiere Dios a la mujer de este tiempo?

a las personas que lo están cargando. La viuda se queda atónita, no entiende que sucede. Todos estaban en la expectativa de lo que Jesús estaba haciendo, quizás algunos se preguntaban ¿cómo le dice a una madre que acaba de perder a su hijo que no llore? Y ahora, ¿por qué detiene la caravana? ¿Qué es lo que se propone hacer el maestro para consolar a esta mujer? Jesús permanece fiel por los siglos de los siglos, y su propósito es cambiar cualquier circunstancia a favor de los que le conocemos y amamos.

No había en esta mujer, ninguna cualidad que mereciera el que Cristo le resucitara a su hijo. Ella no pidió nada, ni le suplico a Jesús; tampoco había ningún mérito en su hijo muerto, que le hiciera resucitar. Fue Jesús decidió tomar la iniciativa. Fue Él, quien se acercó a ellos. ¡Él decidió y quiso hacer ese milagro! Su misericordia y voluntad fue levantarlo de aquella tumba, Él tuvo compasión y por su misericordia para con la viuda se ofreció a ejecutar el milagro. He aquí un cumplimiento más de lo que Jesús dijo, cuando le mando el mensaje a Juan el bautista: *"decidle a Juan, lo que habéis visto. Los sordos oyen, los cojos andan y a los pobres le he anunciado el evangelio"* (Lucas 7:22)

De igual manera, muchas veces Dios actúa con nosotros. Nosotras no le buscamos ni le pedimos, y el interés que pueda haber en nosotras en buscarle, es porque Él lo puso. *"Así que no depende del que quiere, ni del que corre, sino de Dios que tiene misericordia"*. Nadie es merecedor, ni por obras, ni por esfuerzo; todo depende de la compasión y la misericordia de Dios. "Aun estando nosotras muertas en pecados, nos dio vida con Cristo Jesús señor nuestro (por gracia sois salvos)".

Aquel día de tinieblas para la viuda, se tornó en el día más claro y brillante de todos sus días. En medio de toda aquella expectación, cuando todos estaban esperando lo que hiciera el maestro, Él deslizó sus divinas manos en el féretro Quizás la gente se alarmó, pues la tradición decía que todo el que tocaba un féretro sería maldito. Lo que muchos ignorarían es que quien lo hacía, era el autor de la vida, aquel que su soberanía y poder no tienen fin; y, con voz dulce y suave, le dice: Joven a ti te digo, levántate de inmediato el joven se incorporó. (Lucas 7: 14 - 15)

Este hecho cambió por completo el destino de esta viuda y de este joven, todos aquellos que le acompañaban estaban atónitos. ¡Aquel que había muerto, horas atrás, ha resucitado! Y este, no para de hablar.

Te conocen como "la viuda de Naín", no hace mucho tiempo, perdiste a alguien que amabas, ese fue un dolor muy fuerte para ti. Alguien con quien habías compartido mucho tiempo, sin explicaciones, desapareció de tu vida. Fue duro, pero estabas saliendo poco a poco de aquel caos, producido por esa separación, te quedaba el consuelo de que no todo lo habías perdido, ¡aquel que se fue, te dejo un precioso regalo, en quien tenías puestas todas tus esperanzas! De repente, un nuevo golpe ha llegado a tu vida. Aquello, en que tenías tus esperanzas puestas, también lo acabas de perder. ¡Te has quedado sola! Aquellos sueños e ilusiones que tenías, se vinieron a tierra. Vas camino a sepultar tus sueños, lloras porque parece que la vida se ensañó contra ti.

Vas entre la multitud que también te acompaña, aunque no pueda entender a cabalidad tu dolor, levantas la vista porque escuchas una algarabía que se acerca. ¿Cómo es posible que no puedan guardar silencio y acompañarte? Un personaje al que todos siguen, hace una señal de que se detengan y se acerca a ti. Te está diciendo que no llores. ¿Cómo no llorar? Sus ojos te trasmiten esperanzas. Allí está Él. Se dirige a donde yacen tus sueños, tu esperanza, y da la orden de revivir. De forma inesperada, todo cambió en segundos, aquello que había muerto ahora ha resucitado. ¡Ya puedes volver a soñar! El maestro te ha devuelto aquello que habías perdido. ¿No te parece maravilloso? Cuando Jesús entra en tu vida, él llega para recuperar todo aquello que estaba perdido. Él trae la vida de Dios, Él vuelve a la vida aquello que estaba muerto. (Juan 10: 10).

Dios es experto en cambiar tu panorama, así como Él vio las lágrimas, el dolor y sufrimiento de aquella mujer; así también Dios te ve. Él está atento a nuestro vivir, así como dice el apóstol Pablo: *"Pues considero que los sufrimientos de este tiempo presente no son dignos de ser comparados con la gloria que nos ha de ser revelada"* (Romanos 8:18).

En un momento puedes estar pasando por una prueba bien difícil, o alguna perdida devastadora, puede ser una enfermedad catastró-

¿Que requiere Dios a la mujer de este tiempo?

fica; no importa lo que sea, Él puede cambiar tu triste panorama en un tiempo de bendición.

Asignación espiritual para mejorar tu relación con Dios.

¿Qué nos enseña Jesús al resucitar al hijo de la viuda? _____
_____
_____

¿Cómo aplicamos este hecho a nuestra propia vida? _____
_____

¿Enumera las cosas por las que piensas que, no eres merecedora de sus milagros? _____
_____
_____
_____

¿Qué crees que hizo esta mujer para merecer este milagro? _____
_____
_____
_____

Versículo para escudriñar

"Y después de que hayáis sufrido un poco de tiempo, el Dios de toda gracia, que os llamó a su gloria eterna en Cristo, El mismo os perfeccionará, afirmará, fortalecerá y establecerá". 1 pedro 5:10

Pensamiento positivo

Aun, cuando los tiempos se ponen más difíciles, en las densas nieblas e impetuosas tempestades, no temas; Dios siempre llega a tiempo, nunca te abandonará.

Capítulo XIII
La mujer samaritana, una mujer de corazón sencillo

Samaria, desde su origen fue una ciudad pagana y catalogada en el antiguo testamento como "escondite de asesinos". Cuando el pueblo de Israel se apartó de las leyes de Dios, Acab, y su esposa, Jezabel, cedió el paso para realizar cultos paganos en esta región; sabemos que los samaritanos no eran judíos puros, debido a las migraciones y el comercio que entablo Acab con los pueblos extranjeros. (1 de reyes 16:18)

Cuando Omri toma el reinado de Israel para poder seguir comercializando en paz con los demás pueblos, da a su hijo Acab por esposa a la princesa Jezabel, hija del rey de Sidón. Ella era fenicia, pertenecía a un pueblo totalmente idólatra. Fue conocida como una mujer de carácter fuerte, que, no se detenía ante nada, considerada mucho más fuerte y despiadada que las mujeres extranjeras que había tomado Salomón por esposas, durante su reinado.

El carácter de esta mujer, era tan dominante que, manejaba al rey Acab a su antojo; por lo tanto, empezó a introducir su religión, hasta el punto de reemplazar la verdadera adoración (la adoración al Dios verdadero) del pueblo de Israel y sus creencias. Esta influencia de adoración a baales, Asera, diosa de la fecundidad y otros, fue contrarrestada y desmontada por el profeta Elías. Aunque, sabemos que toda el área de Samaria quedo infectada.

Con todo esto, le sumamos que, tras la división del reino de Israel

en Norte y sur, Samaria se convierte en la capital del reino del Norte; así que, cuando fueron sitiados y deportados por los sirios, se quedó una parte de ellos allí y se mezclaron con los sirios. (2 Reyes 17:5)
Desde entonces, los judíos trataban a los samaritanos como herejes y ni siquiera querían tropezarse con ellos en el camino, por lo tanto, evitaban cruzar por Samaria.
Jesús conocía la historia de Samaria, y a pesar del rechazo existente entre judíos y samaritanos, Él trató a toda costa de intervenir en esta problemática proponiendo una hermosa parábola, la parábola del prójimo (Lucas 10:25-37). El maestro tenía que pasar por Samaria para llegar a Galilea, y esto quizás sus discípulos no lo aprobaban; pero lo acompañaban sin condiciones. Era como la hora sexta cuando Jesús llega a Sicar de Samaria. Se sentía cansado del camino y se sienta disponiéndose a descansar cerca del pozo de Jacob.
Las mujeres samaritanas acostumbraban a ir al pozo de Jacob a sacar agua, y si había algún extraño le daban de beber primero para que este pudiera marcharse y seguir su camino; sin embargo, ella sigue de largo y no le ofrece agua al maestro. Posiblemente por la hora y la reputación de esta mujer, eran pocas las mujeres que estaban sacando agua. Esta mujer, en particular, había sido escogida por Él, para un propósito divino. De repente, llega ella, cargando su cántaro en el hombro, mientras se dirigía hasta el pozo. Tal vez, se le hizo extraño ver como un puñado de hombres vestidos como judíos se alejan, mientras que uno de ellos se queda sentado cerca del pozo. Con sospecha de que eran de aquel linaje, baja su cabeza y continúa caminando sin querer llamar su atención.
Cuando Jesús la ve sacar el agua, le dice: "dame de beber" la reacción de ella fue de total rechazo. La mujer samaritana le dice: "¿Cómo tú siendo judío, me pides de beber siendo yo samaritana, tú sabes que los judíos y samaritanos no se llevan?". Jesús, en su infinito amor y misericordia, obviando todo lo que había pasado, las veces que ese pueblo había servido a los ídolos, y sin importar si esta mujer horas antes había estado ofreciendo sacrificio a sus ídolos, le dice: "si supieras quien es el que te pide de beber, tú le

¿Que requiere Dios a la mujer de este tiempo?

pedirías y Él te daría agua viva". La samaritana confundida le dijo: "Señor, no tienes con que sacarla, y el pozo es muy hondo, ¿De dónde, pues tienes el agua viva?" Jesús, en ese momento, estaba haciendo una comparación de la sed física con la espiritual y ofreciéndose como única fuente de agua viva, para saciar la sed espiritual que ella tenía y por la que toda la humanidad está pasando. "¿Acaso eres tú mayor que nuestro padre Jacob, que nos ha dado este pozo en donde bebieron él y sus hijos?" Ella le respondió sin entender que se trataba de algo totalmente espiritual. El maestro le responde: "Todo aquel que bebiere de esta agua, ciertamente volverá a tener sed; más el que bebe del agua que yo le daré, jamás volverá a tener sed" ella no entendía y ni siquiera se imaginaba la profundidad e importancia de aquellas palabras para su vida. ¡Jesús, estaba ofreciéndole palabras que iban a transformar por completo su vida! Este tipo de agua, significaba la gracia divina que es Cristo mismo.

Jesús continúa ofreciendo lo que tenía para esta mujer: "si no que esta agua correrá por su ser y habrá una fuente que salte o corra para vida eterna", estas palabras estremecieron a la samaritana. Esto era nuevo para ella, la palabra vida eterna había sido un mito entre ellos por mucho tiempo, y Jesús le estaba ofreciendo la clave para la vida eterna. Este mensaje inundó su ser, rompió su corazón y sus labios hablaron de una manera distinta. ¡Las barreras se quebraron, la muralla que estaba levantada se cayó! ¡La actitud de esta mujer ahora era totalmente distinta! Entonces, ella dice: "señor, dame de esa agua, para que, jamás tenga sed ni tenga que volver aquí". Pero Jesús, que, escudriña los corazones y quiere completar el proceso de restauración y llamado al ministerio en esta mujer, le responde: "Tráeme a tu marido y regresa aquí", a lo que ella contesta; señor, no tengo marido.

Su vida había sido un desastre, había un historial de pecado, promiscuidad sexual y amargura, en la vida de aquella mujer; por lo que, no quiso hablar abiertamente. ¡Lo que ella no sabía, es que estaba frente al maestro, quien nadie jamás pudo engañar! Él, estaba frente a ella y le estaba ofreciendo la vida eterna, así que, le dice: "no tengo marido" queriendo ocultar su pasado y su presente

al hijo de Dios. Sus palabras, con un tono doloroso y amargo, retumbaban en su corazón, y Jesús le dice: "bien has dicho, no tengo marido, porque cinco maridos has tenido, y el que ahora tienes, no es tuyo". Sus ojos se abrieron desmesuradamente, sus rodillas temblaban, y en ese momento toda vida pasada regresó a su mente; por lo que quiso saber más y le dice: "señor, me parece que eres profeta, nuestros padres adoraron en este monte y ustedes los judíos dicen que en Jerusalén es donde se debe adorar".
Jesús la mira con dulzura y le responde: "créeme que, ni en este monte ni en Jerusalén, adoraréis al padre(San juan 4:15-24) porque en verdad te digo que la hora viene y ahora es que los verdaderos adoradores le tendrán que adorar en espíritu y en verdad y estos son los adoradores que el padre busca". ¡Esta mujer rebosaba de gozo al escuchar las palabras del maestro, nunca nadie en su vida le había hablado así! Ella sabía que, los judíos por mucho tiempo habían profetizado al Mesías, por eso, su corazón no dudó por un instante. Ella poseía un corazón sencillo y delicado, maltratado por las circunstancias de sus actos, pero, en ese momento, experimentó como su corazón estaba siendo transformado y lavado por las divinas palabras del maestro. Ante esto, no vaciló y le dijo: "sé que cuando venga el Cristo, Él nos declarará todas las cosas", pero Él le responde: "yo soy el que habla contigo".
Ella, no lo podía creer que el Mesías prometido se le estaba revelando de una manera única. Jesús, en aquel momento, deja que ella, conozca su divinidad. Esta mujer inmediatamente escucha estas palabras, deja su cántaro y se va de prisa hasta el pueblo, para dar las buenas nuevas y anunciar a todos los que pudiese alcanzar que, el Mesías prometido, había llegado a Sicar de Samaria. Ella no se dio cuenta de que los discípulos habían llegado, ella no reparó en la misión que estaba realizando, su corazón estaba rebosando del agua viva, ahora ese manantial, estaba saltando, y ella quería compartir de esa agua.
Cuando llegó al pueblo de Samaria, habló allí a cada persona que pudo localizar. Notemos que Juan, en el versículo 28, escribe: "y dijo a los hombres que el maestro le había dicho todo lo que había pasado en su vida", esto no significa que solo anuncio a los

¿Que requiere Dios a la mujer de este tiempo?

varones las buenas nuevas. La biblia no menciona la cantidad de personas a las que ella le anuncio esta maravillosa noticia, pero si sabemos que, la prisa que ella tenía, era justamente para aprovechar su tiempo y hablarle a todos acerca de las cosas que el Mesías le había declarado.

El punto aquí, es que, ¡esta mujer se convierte en una evangelista con un llamado muy especial! El maestro sabía que, ella tenía mucho potencial y que su palabra divina correría a través de ella, como aquel prometido río de agua viva. ¡Esa era la razón por la que a Él, se le hacía necesario pasar por Samaria! Somos tan importantes para Dios, que Él siempre busca la forma de atraernos hacia la obtención de su bendición.

Cada vez que leo este episodio, me doy cuenta de que, por medio de esta mujer, puedo visualizar la encomienda divina de las mujeres de Dios, y el rol que nos toca en la predicación del evangelio del reino. ¡Veo en ella, una evangelista, un vaso escogido por el maestro para expandir su palabra en esa época! A Él, no le importa cuán oscuro sea tu pasado o presente, solo le interesa un corazón sencillo y humilde, para recibir su palabra y hacer su voluntad. Este es un ejemplo vivo de que, cuando Dios nos usa como un vaso para su honra, tú y yo debemos estar dispuestas a escuchar su voz y obedecer su mandato. Todas nosotras somos vasos escogidos por gracia divina, para cumplir con un propósito único y espiritual. Dios es nuestro padre, y nosotras como sus hijas debemos entender cuál es nuestro lugar en sus negocios. Cristo envió esta mujer a buscar a su marido, ella fue a anunciar a toda Samaria, y de esta forma aquellos que solamente habían escuchado acerca de las maravillas del señor, ahora podían escuchar el poderoso testimonio de la samaritana y el encuentro que tuvo con Jesús. Así que, Jesús se quedó dos días en aquella ciudad, debido al testimonio y trabajo misionero de esta mujer.

Jesús se le reveló a esta mujer como el Mesías, el hijo de Dios, sin juzgarla, sin condenarla, y sin tomar en cuenta su historial de pecado. Nosotras en este tiempo, no necesitamos ser perfectas para ser tomadas en cuenta por el maestro, solamente debemos estar dispuestas a escuchar cuando Él nos habla. Necesitamos estar dis-

puestas a hacer su voluntad, cuando nos envía, únicamente así, podemos ser de bendición a las personas que nos rodean.
Eres de Samaria, por eso te dicen la samaritana, pero no eres como todas las demás mujeres de aquella región. Tu vida ha sido un caos, tu reputación ha estado de boca en boca en el pueblo. Has sufrido el rechazo y burla de mucha gente, incluso de hombres que se aprovecharon de tu necesidad de afecto, de amor y comprensión, y luego se marcharon, divulgando todo lo que han hecho contigo. A pesar de todo ello, conoces de la salvación, sabes que hay un salvador que ha de llegar, pero estás llena de prejuicios. Te sientes tan pecadora, te han hecho mucho daño y eso no te permite tener buena relación con los demás, pues te mantienes a la defensiva.
Un día, que creías que era como los demás, te levantas a hacer tus quehaceres, ha llegado la hora de ir al poso de Jacob en busca de agua. La mayoría de las veces te ha tocado ir sola, pues muchas mujeres de la ciudad evitan reunirse contigo, por eso escoges una hora no muy común para hacer esto.
Estás cansada de la vida, quisieras que tu vida diera un giro y todo cambiara. A lo lejos, ves a una persona sentada junto al pozo. Te intimidas, pues no sabes que intenciones tiene aquel hombre, por lo que te preparas para actuar defensivamente. Al acercarte, notas que ese hombre tiene algo diferente, su forma de hablar es distinta, y no es exclusivamente por ser judío. Él te mira, te pones nerviosa, te pide agua, pero estás tan herida, que tu respuesta es áspera, grosera. Él, parece no darse por vencido, a medida que lo escuchas, siente que tu alma está experimentando algo diferente. Ahora, después de un tiempo, te has dado cuenta de que estabas rechazando al mismísimo mesías prometido, quien llevaba un buen tiempo intentando entrar a ti.
Al verlo, al saber que es el tan esperado salvador, no te puedes contener. Tu vida ha cambiado por completo, hay gozo y felicidad en tu vida, de manera que no te puedes quedar callada. Sales corriendo, a avisarle a aquella misma gente que te había rechazado, que has encontrado al salvador.
¡No entiendes que pasa! Pero disfrutas lo que sucede. Sin darte cuenta, tu corazón es diferente, has perdonado a todos aquellos

¿Que requiere Dios a la mujer de este tiempo?

que te menospreciaron. Ahora quieres que todos conozcan la verdad que te hizo libre. ¡Sin duda alguna, desde ese momento tu vida nunca más fue la misma!
Muchas veces nuestras limitaciones y traumas del pasado, no nos permiten avanzar hacia adelante. Culpamos a nuestros padres, nuestros hijos y hasta la vida misma. No nos despojamos de nuestro pasado y queremos seguir castigándonos y castigando a los demás por sus faltas, y por sus determinados desconocimientos o defectos, que aún no hemos superado. No debemos dejarnos intimidar por las circunstancias, Dios aún nos habla en estos tiempos, dejemos que Jesucristo se nos revele, como hizo con esta mujer, y así poder realizar su obra, para que su propósito sea cumplido en nosotros.

Asignación espiritual para mejorar tu relación con Dios.

¿Cuál es el impacto de esta historia en tu vida?_____
_____
_____

¿Qué aplicación darías a esta enseñanza en la predicación del evangelio? _____
_____
_____

¿Cuál crees que es el rol de la mujer en el ministerio de la predicación? _____
_____
_____

Versículo para escudriñar
"Respondió Jesús y le dijo: si conocieras el don de Dios, y quien te pide de beber; tú le pedirías y él te daría agua viva". Juan 4:10

Pensamiento positivo

Mujer, eres un diamante, un instrumento de Dios, una vasija preciosa, creada para ser de bendición, para cumplir los planes y propósito de nuestro padre.

¡Nunca lo olvides, eres especial!

Nota Final

Querida lectora, siempre se habla de los héroes de la fe en la biblia; de hombres humildes que alcanzaron gracia delante de los ojos de Jehová.

En este libro, he proyectado a las heroínas de la fe, para que puedas entender que nosotras, fuimos creadas por Dios y para él. Fuimos gestadas para ser de bendición en el ministerio de la predicación y expansión de su palabra en esta tierra. ¡A través de todas las épocas, Él ha usado a la mujer de maneras diferentes! Toda mujer, sin importar su edad, es especial a pesar de las diferencias, porque Dios no hizo copia de nosotras, Él nos hizo únicas.

No importa las imperfecciones que tengamos, Dios, solo requiere que escuchemos su voz, que hagamos su voluntad. Que todas esas cualidades de las que nos ha hecho portadoras, sean potenciadas por el Espíritu Santo, para que, se cumpla su propósito en nuestras vidas y se extienda la obra de nuestro señor Jesucristo.

Ninguna de las mujeres estudiadas en este trabajo, eran perfectas, cada una en su tiempo tenía sus limitaciones, frustraciones, dificultades. Quizás, tampoco seguían ningún patrón, doctrina o enseñanza en particular, pero algo era muy seguro, ellas amaban a Jehová, conocían sus maravillas y entendían que sus peticiones estaban ante su presencia y serian contestadas.

En estos últimos tiempos muchas mujeres están siendo azotadas por diversas emociones negativas que producen temores. Algunas caen en depresión y otras, al no conocer su identidad, se dejan maltratar hasta ser asesinadas por sus parejas. El propósito de Dios en nuestras vidas es un propósito de victoria y vida en abundancia en Cristo.

Ninguna de esas mujeres que hemos mencionado, buscaban protagonismo, ellas solo se enfocaban en lo que su mente y su corazón habían concebido. Caminaron con la fe creyendo que esta iba a ser materializada en el momento en que Dios se manifestara en sus vidas, le creyeron a Él y se dedicaron a hacer la voluntad de Jehová. ¡Ellas decidieron dejar un legado para futuras generaciones! Tal es el caso de Sara, madre de naciones y de los demás casos. Tenemos maravillosos ejemplos de fe, templanza, gratitud, disposición, y humildad; virtudes que, son dignas de ser imitadas por la mujer de hoy.

Acerca de la autora

Elvira Medina Montero, nace en la República Dominicana el 5 de mayo del 1963, en el paraje de Vallejuelo. Es hija de los señores María V. Montero y Eleuterio Medina. A los 15 años de edad, conoce el evangelio y la salvación de nuestro señor Jesucristo. En este mismo tiempo, inicia su carrera de enfermería práctica y trabajó en varias clínicas privadas como enfermera.

A los 19 años, se casa con su actual esposo, Francisco Peña, con quien tiene dos niños y cría tres. A la edad de 28 años termina la secundaria, graduándose de ciencias físicas y matemáticas, y se dedica a la educación y crianza de sus hijos; también, al pastorado junto a su esposo como co-pastora y consejera de mujeres.

En el 2002, decide retomar sus estudios y se gradúa en el 2005 obteniendo el título de Licenciada en Psicología clínica. En ese mismo año, recibe varios títulos de diplomados y trabaja para el gobierno en un programa social de la presidencia llamado "Progresando" como supervisora de proyecto. En el año 2010, pasa al programa de centros tecnológico comunitario, en donde ocupa el puesto de encargada de centro. En el año 2012, es ascendida a supervisora de la región de Bocachica en el programa progresando con solidaridad.

En el año 2015, se lanza en un proyecto del estado, llamado "Instituto Nacional de Atención Integral a la Primera infancia", en donde es enrolada como la primera coordinadora de centro por la Licenciada Alexandra Santelices, luego de haber sido punta de lanza para implementar por primera vez en República Dominicana un modelo de atención para niños de cero a cinco años durante cuatro años y medio trabajo duramente hasta alcanzar los objetivos.

En el 2019, fue ascendida al puesto de técnico de área, de este mismo modelo de atención a la primera infancia y a la familia. Luego, en el 2019, emigra hasta los estados Unidos y desde allá empieza su carrera de escritora y en donde reside hasta hoy.

Made in the USA
Middletown, DE
09 November 2023